自分探しの旅

現世編

浅野 信
Asano Makoto

たま出版

自分探しの旅
現世編

目　次

序章

人には自分を知りたい、探し求めて、見出し、取り戻したいという欲求があります。自分に関心のない人はいません。

ところが、自己認識、自己発見、自己実現などをどのようにすればよいのかよくわからなかったり、ある程度わかっていてもそれをできないままで、仕事や家事、雑事などに追われ、そのまま手つかずのままで来てしまっている人が多いのが実情ではないでしょうか。

人は外の事柄に心を奪われ、対応し、生きています。何かを学んだり、探求、研究、調査、観察することでも、その対象は外にあるものに向けられています。

自己の学びに取り組み、自分そのものをテーマとして取り扱うことや、自己改善、自己改革、自己治癒、内的成長と目覚めを目指すことは少ないようです。そのため、現実に何か問題が生ずると、偶然だと片付けたり、非合理に思えたり、人のせいにしたりしてしまうのです。あるいは、単に落ち込んで、自分を責めたり悔やんだりします。外的、物理的な事柄には優れていても、自分や人生などの内的な事柄に対して疎《うと》いところがあるのが現状でしょう。

自己学びの方法や機会が、今の世の中に全くないのではありません。内省を促す内観、座禅、瞑想がありますし、カウンセリング、心理療法、精神療法などは比較的よく知られています。また、占いもあります。占いは、心理診断、色彩占い、血液型占い、動物占い、算命学、四柱推命、ホロスコープ占術、アガスティアの葉、手相、人相、気学、六星占術、その他無数に存在しています。

ただ、これらがみな、形式的、技巧的なところにとどまってしまい、本当に自分を見つめ、掘り下げていき、自分を受け止め、調整し、育成するまで到達している人は少ないのではないでしょうか。

さらに、自分探しは内向的になりすぎても好ましくなく、物理的現実とそこにある課題や義務にも向き合い、関わり、対処していくことが必要です。

自分探しが文字通り、自分探しの旅として為される場合もあります。それは癒しの旅になったり、休養と気分転換になったりもするでしょう。旅が現実逃避にならず、一時、現状から解放され、自らと対話し、自然や土地と出会い、交流することができるなら、大いに結構なことです。

旅を通して何かに気づいたり、新しい発想を得たり、気持ちが吹っ切れたり、慰められることもあるはずです。

人には誰にでも、いい意味で自分を周りと分離し、素直に自分と向き合って己をじかに感じ、心の中をのぞき、探索してみたいという憧れと願いがあります。自分を見出し、自分を取り戻したいと思うのです。天職や恋人探しもそれと関係していることがあります。

さらに発展すると、人生の意味と目的、自分の本当の由来とルーツ、自分が今このようであることの真の原因とその理由、宇宙や神や仏のこと、神と自分との関係、自分の過去としての前世、並びに未来としての来世の探求に及ぶこともあります。

自分らしさ、ありのままの素顔の自分、自分の存在理由と使命、自分の本当の才能と使い方――これらの真実を知りたいなら、徹底して自分に正直になり、誠実に取り組み続けることです。気張ったり気負ったり、自己卑下《ひげ》する必要はありません。等身大の自分がよいのです。どうか、本当の自分に出会い、なるべき自分になっていってください。

本書では、人生の意味と目的を、宇宙や神との関わりから本質のところで把握し、その後、自分を知り感じられる有効な手立てとその秘訣を種々紹介しておきました。

存分に楽しんで読み、この機会にいくつもの観点から自分を探ってみてください。きっとこれまで知らなかった面を発見し、人生が明るくなり、心が穏やかで楽になり、生きる勇気と自信と力、周りに対する思いやりと配慮が出てくることでしょう。

*この本は、二〇〇七年九月四日、五日の二日間にわたってとったリサーチ・リーディングとメモを元に書き起こしました。リーディングを行ったときのソース（情報源）への質問は、巻末に掲載されています。

第1章

人はなぜ自分自身を探し求めるのか

人が自分自身を探し求めるのは、ある種の本能と言えます。本能に基づく以上、そこには普遍性があり、特殊なことではありません。自分探しの旅は、一部で見なされているような奇異なものではないのです。誰の心にも自分自身を探し求めたい強い欲求があり、それは憧れでさえあります。

ではなぜ、自分自身を探し求めたいという思いが、誰の中にも本能として存在するのでしょうか。この自分探しの本能は、植物や動物の持っているような、肉体的次元における原始的で未開拓の本能とは質を異にしています。これは人間存在の本質に結びついた霊的なものです。

人間が自分の由来を思い出し、自分を取り戻すことで、本来の神の子のあり方に復帰できるように、親である神が仕組んだものです。ですからこの問題は、人間の起源に関わりがある実存的なものといえますし、人生の目的とも関わってきます。

もともと人間は天的な存在でした。霊的領域に住む霊的な存在だったのです。

まず最初に、神がおられました。まだ時間も空間も存在しなかった頃のことです。遥かな昔、といっても、時間さえまだなかった時代で、空間も宇宙もありませんでしたから、形而上のことです。その中に神だけがおられました。もちろん、時間も空間もなかったので、神はいつからおられたのかと、神の起源を問うことは意味を成しません。その一者たる神が、霊的な宇宙と物理的な宇宙とを発出されました。それらを「精神と物質」と表現することもできます。

実際は精神以上の純粋な霊的領域のことだったのですが、一般に「精神的宇宙と物理的宇宙」と言えばわかりやすいでしょう。物理的宇宙とは、人々が認識し、理解し、定義している宇宙のことです。物理的宇宙の中で生命が進化し、さまざまなドラマが生まれました。

しかし、ここで見落としてはならないのは、同時に精神的宇宙も発出されたという事実です。むしろそちらのほうが先行していて、物理的宇宙の原型になったのです。プラトンはそれを「イデアの世界」と名付けています。理念の世界、心的イメージが象《かたど》られた精妙な領域のことであり、真の霊界ともいえる霊的領域です。

現代の天文学では、今から一五〇億年ほど昔、ビッグバンによって一つの塊《かたまり》が拡散し、宇宙は突然出現したと考えられています。そして一五〇億年を経た今でも、宇宙は少しずつ拡張し、外に膨張しつつあるといいます。

そのような物理界の宇宙の創造の背後には、霊的な一者である創造主がおられたのです。このことは、ユダヤ教やキリスト教が基とする創世記にも記されています。しかし、創造神話は、旧約聖書の始めに置かれている創世記に限るものではありません。世界中の至る所に創造神話があり、もちろん、日本にもあります。古事記や日本書紀は、創造神話が形として残されたポピュラーな文書です。

さて、真の霊界において、神の同伴者として創られた霊的存在があります。これらは、物理的な宇宙の存在に気づき、それに惹《ひ》かれていきました。物理的な宇宙の中の一つであった地球にも霊的存在が降りていったのです。今から一千万年ほど前から始まったことです。

創造されたすべての霊的存在が、その時点で一度に降りていったのではありません。まず、ある一定の数のものたちが、地上の動物たちが戯《たわむ》れる生活に魅惑され、動物に憑依《ひょうい》していきました。特に、動物たちの性的行為に魅力を覚え、動物に乗り移って自分もそれを体感し、楽しみ始めるようになりました。

それがやがて肉体に巻き込まれてそこから抜け出せなくなり、自分たちが霊的存在であり、霊的な起源を有すること、自分たちは神の同伴者となるべく創られたことを忘れていってしまいました。

霊的存在が動物の肉体にひきずり込まれ、そこから自力で抜け出られなくなった事態に対して、神は、救助策を考えられました。まだ霊的領域に留まっている者たちが、危険を冒して物理的身体に入り込み、彼らと同一線で関わりながら霊的起源を思い起こさせるという方法です。これ以降、肉体に束縛されたものたちは、動物の体を通して進化し、浄《きよ》められながら霊的領域に還っていかなければならなくなったのです。

まず、「肉体に巻き込まれてしまったある一定人数の存在を、物理的にも神のイメージに合う乗り物に移さなければならない」と神は考えました。そのご意向を受けて、まだ罪を犯さず、神と繋《つな》がりを保っていた霊的存在たちは、動物の中で最も神の子のイメージに近くなっていた猿人を選び、純粋な霊的存在たちは猿人たちに外からパワーを送って、内分泌腺に働きかけていきました。

それによって猿人たちは木から降り、尾が取れ、二足歩行し、体毛が減り、脳が発達し、急速な進化を遂げたのです。短期間のうちに、原人、クロマニヨン人、そして現代のヒトの基になったホモ・サピエンスにまで形態が整えられていきました。ここまできて、神の下《もと》で働く霊的存在たちもほっと一息つき、動物たちに憑依して抜け出られなくなり、霊的起源を忘れて動物に成り下がってしまったかつての霊的存在たちの実体を、用意された霊魂の乗り物であるヒトの型へ移し始めました。

ところが、事態はそれほど甘くはありませんでした。せっかくほぼ完璧な体が用意されて、そこへ移してあげたにもかかわらず、神のイメージ通りのヒト型に移ってからも、一度堕ちてしまった魂は罪を重ね続け、神聖な体を使ってさえ動物的なセックスをやめることはありませんでした。

そこで、最後の手段として、霊的存在たちが自らも受肉し、彼らと同一線に立って忍耐強く導き、本来自分たちが霊的存在であること、それゆえ命の本源に向かわねばならないことを気づかせ、指導していくことが決まりました。

しかし、これは大変なリスクを負うことだったのです。なぜなら、まだ罪を犯していない、本源と繋がりをもって霊界に留まっていた霊的存在たちでさえ、自ら肉体に入り込むことで、肉の作用と拘束によって霊的な故郷を忘れてしまうからです。自分たちが霊的存在であることや、霊的意識の自覚を失くし、先に罪を犯した者たちと同様に堕落して、肉体から出られなくなった結果、動物に成り下がってしまう誘惑や危険が数多く待ち受けていました。そして、それは実際に起きてしまったのです。

それでもなお、後にキリストとなられた存在をはじめ、多くの優れた実体たちが、生まれ変わり、幾多の輪廻転生を経て、霊的世界に還る道を敷かれました。キリストはヨハネによる福音書の中で、「私は道であり、真理であり、命である」と明言されておられます。

そのようにして、霊的領域に復帰する型が創られました。それは物質や物質性を帯びたエゴ、肉体的な欲望や感覚や感情とは対照的である、霊的で利他的な本当の愛、純粋精神性へと向かって復帰する進化の行程です。

人は本来このように、神の子として宗旨宗派を問わず、またどの人種にも関わりなく、すべて命の本源たる創造主によって誕生させられ、霊的領域に神の同伴者としてあったのに、物理的な存在に惹かれ、それに巻き込まれて霊的意識が薄れ、自分たちの存在の真の理由と目的が忘れられていってしまいました。しかし、神が急遽《きゅうきょ》、そこから脱出する道や方法を設けられたおかげで、あの世とこの世とを行き来しながら浄化育成され、人生の意味を悟り、自分たちが霊的存在であることを思い出して、霊的な力を取り戻し、物質と肉体と感情を統御し、自分を浄化しながら霊的意識を徐々に回復していけるようになったのです。

自分自身を探し求める本能とは、人間の内に備わる霊的な本能であり、動物的、原始的な本能の対極に位置する、霊的衝動、願いなのです。動物に魅せられ、巻き込まれてがんじがらめになってしまったものの、どこかで自分がどんな存在であるかを覚えていて、「何とか本来の自分に目覚め、それを取り戻したい」という思いが誰の中にでもあります。世界中にあるどんな時代の宗教も哲学も芸術も、この目的のために発生し、行われてきたものと言えます。

ソクラテスは、人間の肉体を牢獄《ろうごく》に喩えています。そして、それに気づかせ、そこから脱出する道を説いたのです。仏教やヒンドゥー教も、輪廻とカルマの実態を知らせ、そこから解脱する道を歩むように説き勧めています。宇宙の一者ブラフマンと己の内なる本質アートマンとを一つにし、真の自己実現を図る道も提示されました。日本の神道でも、人間を祓《はら》い浄め、本来の自然と調和する神的存在へと復帰させることを眼目としています。人々は、この世に設けられた社《やしろ》や聖なる土地に詣《もう》でることによって、それらに呼応する自分自身の中の聖なる部分に気づき、「なぜ自分は今ここにこうしているのだろう。これから何をしなければならないのだろう。あるいは何をしてはいけないのだろう」と自分の心に問いかけ、探りながら日々生きているのです。

神が人類を見捨てることはありません。忍耐強く寛大に、一人ひとりをよく見て育て、導いて下さいます。人は、ときおり試されながら、本来のあり方を回復できる方向へ誘《いざな》われています。

人が自分自身を探し求める場合、それにはレベルがあります。それらは存在の本質に属する事から、表面的、感覚的な次元のものまで種々様々です。ですが、いずれの場合でもその目的と起源は今述べられた一点に集約されます。

最初は軽い気持ちで自分探しの旅に入ったり、多少のエゴから始めた場合でも、あるいは切迫した問題がきっかけで入った場合でも、根底にある内なる本質の衝動、内的な火花に促され、軌道修正を図りながら自身を追求していくことになるでしょう。やがて、自分たちが霊的存在であったことに気づき、霊的意識を自覚するようになり、命の本源との繋がりの下、生かされていることを知りつつ生きていくようになります。罪を犯すことがなくなり、これまでの罪も赦《ゆる》され払拭《ふっしょく》されて、地上を神の子として歩き、地上に天国をもたらせるようになるのです。そのように進化した者たちがあの世に行けば、あの世も良い所に創り変えられます。

このように、あの世とこの世とにそれぞれ存在する者たちが、双方の領域を行き来しながら、二つの領域とも浄化し、整え、あの世にもこの世にもパラダイスをもたらしていくようになります。そのときこそ、あの世とこの世との分離や、乖離《かいり》や対立は止みます。そして一つなる領域が回復する時が来るのです。それがＯＮＥのゴール、神の国の実現です。

それまでは、あの世とこの世とを行き来する中で神によって試され、トレーニングを受け、また恵みと配慮を頂きながら輪廻転生の旅を続けていくでしょう。このことに気づいた者が、少しずつ周りに教え、手を差し伸べ、労《いたわ》り励まし合い、導き合って進んでいくのです。

人類が自我に目覚め始めたのは、BC五、六世紀の頃でした。そのため、その時期にインド、カルデア、中国、ギリシャの四つの地域に偉大なる哲学が同時に現れたのです。インドにゴータマ・ブッダが現れ、仏教を創始したのもこの時期です。その後、インドに大乗仏教が勃興するころ、ユダヤ教の中からイエス・キリストが出現し、大きな愛を説きました。このようにして五〇〇年後、自我の目覚めは利他的な大いなる目覚めへと進展したのです。

日本でも、縄文期から弥生期に移るころ、次第に長《おさ》たちの中から大君《おおきみ》が出て、日本を平和にまとめる機運が生じました。それからほぼ二〇〇〇年経った現代、人々が改めて人生の真の目的や留意点について学び、模索し始めようとしています。それを具体化したものが自分探しの旅であり、個人リーディングもそれをサポートする手立ての一つです。

現代は、「物」に傾きすぎた世相を呈しています。人々が宗教から離れ、倫理観が低下して犯罪が横行し、地球の自然も破壊され、多くの害が生じています。そのような末期的な様相を救済するように、あるいはバランスを何とか取り戻そうとするかのように、新しい精神運動やスピリチュアルな動き、また、宗教を改めて見直し改革し、これからの時代にふさわしいものにしていこうという動きが至る所で始まっています。

ＢＣ五、六世紀のブッダが現れた時代も、紀元一世紀のキリストが現れた時代も、この現代のように暗黒の時期でした。今も単に暗くて絶望的な事ばかりではありません。ヨーロッパでも日本でも、中世の時代は暗黒期と見なされていましたが、歴史の研究が進むにつれ、中世に最も素晴らしい霊的な働きがあったことが証明されてきているのです。現代はそれがさらに著しい形で出ています。「善なるものはますます善となり、悪なるものはますます悪となる」と、黙示録の最後にも表現されているように。

このような両極端な事象が、暗黒期を乗り越えると次第に整理され、産みの苦しみを経て、一つなる素晴らしい原初のあり方が回復してくるのです。自分探しの旅とは、これと同じように、一人ひとりが自分に対して、真剣に問いなおす実存的なプロセスを表しています。

第2章

人はなぜ自分自身を変えたいと思うのか

人は堕落しました。このことは、聖書の冒頭に書かれている創世記にあるような、アダムとエバの原罪とエデンの楽園からの追放の物語ばかりではなく、古事記や日本書紀の中にも、各種の秘伝書にも記されています。

日本の数々の文献に由れば、かつて日本人は罪を犯して、長雨が続いて止まず、日本の大地はドロドロになってしまいました。しかし神は人間をお見捨てになることなく、伊弉《いざ》諾《なぎ》、伊弉冉《いざなみ》の夫婦の神を遣わされ、人々の罪を代わって詫び、救済を請いました。その時、祓い浄めを行い、長くご祈念したおかげで、長雨は止み、泥土《でいど》と化した日本のぬかるみの大地に陽が差し、土が安定し、人々が生活を営める素晴らしい土地になるまで回復したのです。

日本にはノアの大洪水のような神話はないと思われていますが、伊弉諾、伊弉冉によって浄められ、水難の危機からかろうじて脱却できたこの話は、大洪水の神話と重なる部分があります。洪水伝説は、メソポタミアにもアトランティス伝説にも残されていて、それは、人類がある時期、アストラルレベルで罪を犯したことを物語っているのです。

アストラルレベルとは、主に心の中の感情での罪です。それが穢《けが》れをもたらし、アストラルを象徴する水がカルマ的に人類を襲ったのです。

現代でも、人々は水による危機に見舞われています。火と水とのバランスが大きく崩れ、温暖化現象が起きています。猛暑に見舞われたかと思うと、ハリケーンや台風、嵐に見舞われ、火と水との協力体制が破られ、火が猛威を振るったかと思うと水が大暴れをするというように、火と水との均衡が完全に崩れてしまっています。これは、火の神様、水の神様に対して人類が罪を犯しているのに、それに気づかず、人がこの世にだけ向き合って生きるような態勢になってしまったことが原因です。

火の災いと水の災いとは別個ではありません。聖書にも、火の災いと水の災いとの両方が説かれています。しかし一方では、火による浄化と水による浄化も併せて説かれているのです。例えば洗礼者ヨハネは水で浄化の儀礼を行いましたが、本命であるお方が後に現れて、本当のお浄めである、火と聖霊によるバプテスマを授けると言われたのです。それは実際にペンテコステで起きました。

インドの宗教でも仏教でも、日本の神道でも、火と水とのエレメントのことは熟知されており、生命の浄化と進化の儀礼に組み込まれているのです。自然のエレメントとしては、風や土、その他いくつかあって、キリスト教ではそれらが四大天使に関連づけられています。

その中でも特に対比的で代表的なのは、火と水です。日本の代表的な聖地である伊勢神宮は基本的に水によるお浄めの場ですが、同時に太陽神天照大神《あまてらすおおみかみ》をお祀りしているため、火の恩恵をも人々にもたらす、ありがたい所になっています。これは、火と水とが協力し合う所でこそ、生命は安泰に生きられるからです。現代はこの均衡が完全に破られてしまっているといえるでしょう。

火と水とがうまく配合した時には、虹が出現します。火は光と関係している力ですし、水から誕生した生命は、水なしでは生存できません。火と水との関係を正し、健全なあり方に戻さなければなりません。

人間の中にある心の激情、すなわち火の性質と、水の憂うつな面を色で表すと、赤と青になります。この両者を互いに理解し、認め、協力し合うことで調和がもたらされた時、浄化と進化が起きます。

人々が自分自身を変えたいと思うのは、自分が堕落し、神のお心から逸《そ》れたからです。人はいつまでも自分を偽り続けることはできません。偽り続けているとだんだんつらくなり、現実にも行き詰まります。その時、内なる良心からの声が静かに響き渡ってくるのです。それによって、自分でも自分を何とかしたいと思うようになります。そのような内なる導きが働き、それが外なる導きとも協働して、人は自分を正し、浄め、育成したいと心から思うようになるのです。

改悛《かいしゅん》したいという思い、成長し、本来のあり方に復帰したいという望みは、誰の中にもある根源的な願いです。それが起こるのは、人が神の子として創られているからです。その願いが最後にはすべてに打ち勝ち、道から逸れたり堕落したり穢《けが》れても、つらい思いをしたり、周りを苦しめた末に、それらからさえ教訓を得て成長を遂げ、自分を正す方向に向かわせていきます。人の中には「成長したい、良くなりたい、周りにも愛を示していきたい」という願いが、根本に備わっているのです。

かつて中国では、性善説と性悪説との両方が説かれていました。楽観論と悲観論、信頼に根ざす人間論と懐疑的な人間論です。

わかりやすく当てはめるなら、性悪説は潜在意識で人間を捉えて見ているものです。一方、性善説は、人間の顕在意識の理性から人間の本質である霊に由来する超意識にまで目を留めて人間を信頼し、肯定的、前向きに人間を育て導こうとする立場のものです。二、三〇〇〇年前のヨーロッパにおける理性重視の哲学や人間観より、もっと本質的なところで人間を捉えています。

理性が万能で優れ、無限の可能性を有し、努力と統制と精進によって世界は素晴らしくなり人間も良くなるという理性重視の考え方は、その後行き詰ってきています。理性はいわば、顕在意識と人間の身体を見ているに過ぎないものなのです。それも大切ですが、本《ほん》音《ね》に相当する潜在意識の闇の部分、親鸞が「悪人」と説いた部分を突き抜ければ、本当の光と命と愛に行き着くことができます。

今は、潜在意識の闇と悪、そこから生じた不安と混乱が表面化し暴走している時代です。しかし、この危機を通り抜けて乗り越えると、その先に素晴らしい光の世界が見えてくることでしょう。

自分探しの旅も、決して容易なものではなく、闇のトンネルや棘《いばら》の中を通り、行く先々に危険が待ち受けています。しかし、あきらめて引き返したり絶望したりせずに、命の本源に目を留め、お委ねしながら精一杯励んでいけば、神仏の御助力によって必ず苦難を乗り越えられ、素晴らしい所に到達できます。それこそが浄化と成長のプロセスです。それがどのような形をとって体験されていくかは、個人に応じて異なります。

確実に言えることは、その人のその時にふさわしい事が起きて、それによって気づかされ、正され、浄められ、育て上げられ、本源へと導かれていくということです。

神は人間にとって霊的な親に相当するため、肉体や地上の物理領域に入り込んで支配され、コントロールされるようになっても、霊的な親との繋がりや親からの働きかけが途切れることはありません。そのため、「自分自身を変えたい、自分自身を良くしたい」という思いは完全には消えません。

どんなに霊的な意識が少なくなっていても、唯物的懐疑的になっていても、心のあり方や行動が道から外れて悪に染まったりしても、神からの働きかけとお導きが存在しますから、人間の中の神に通ずる霊の部分、スピリットがついには勝《まさ》ります。神からもたらされるさまざまな出来事をきっかけにして目覚め、良くなろうという思いが湧いてきて、本源から逸れたままで終わらずに、本来のあり方へと徐々に向かって行くようになります。

そこまでの信頼を持つことができれば、自分自身の扱い方や見なし方にしても、他の人との関わり方や対応の仕方にしても、互いに尊重し、信頼し合い、善意の心で誠実に現実を生きていけるようになることでしょう。

第3章

人生の目的や使命、そして存在理由

人生の目的とは、お互いに命の本源に続く大道《たいどう》——広くて大きな一本の道——を、互いに助け合いわかり合い、労り合って歩んでいくことにほかなりません。もっとも、一本の道と言ってもバリエーションに富んでいます。神は、人をそれぞれユニークな存在として創造され、現状も、過去も、未来も、その魂のその時にふさわしい歩み方や歩む道の選択肢を用意して下さっているからです。

したがって、人生の目的は、一本の大道を歩いて命の本源に向かって行くものであり、今の人生はそのほんのひとコマであるのですが、現実にはバリエーションに富んでいます。目的は一つでも、その道々はそれぞれの彩《いろど》りに満ち、神の導かれ方に即したものなのです。ですから、その固有性に立って現状に素直に応ずると、神の御心にもっとも適い、自然で無理がなく、現実的にもうまくいくようになっています。

現実の世の中を見てみると、まさに千差万別で、それぞれの事象にそれなりの原因や意味があります。どのケースでも、神がそれぞれの個性やレベルに合わせ、その時点で必要なものを見てとり、必要な状況が用意されて、人生の学びとしています。すべて、いろいろな道を通して命の本源に還るにしても、本質のところで見れば、全員が同じ一本の大道を歩いているのです。その根本に気づき、洞察することで、互いに表面の違いや課題の違いがあっても、共感し、尊重し、認め合えるようになり、助け合い協力し合えるようになります。

自分だけが本当の広い道を見つけて、本源に向かって歩いて行くというのではなく、歩みは万人に共通のものであることに気づいて、他の人の歩みを考慮し労り、必要な時は手を差し伸べて、他の人が道から外れたり怪我をしたり、倒れてしまったりしないように可能な限り見てあげるということが、一人ひとりに対して求められています。

今の人生は、かけがえのない、命の本源に還り着くひとコマです。今の人生がH地点からI地点に向かうひとコマとすると、あなたは前世までにA地点からG地点まで来たということです。HからIまで行くことが今世の目的です。そして、霊界に一度還って一休みしたり反省したり、自分を立て直したりして、また生まれて来る来世はI地点から始まります。そうして最終的には、命の本源のZ地点に還り着くのです。

もちろん個人差があって、すでにX地点の辺りまで来ている人もいれば、一方ではまだ

C地点の人もいます。ただし、人間は一概に一つのものさしで判断できるものではなく、また判断することが重要なのではありません。誰もが神によって同時に創られた同胞であることがわかれば、命の価値も同等であり、互いに敬愛し信頼し配慮し合って、いずれ人類の全員が、あの世に待機する魂たちもすべて含めて、本源に還り着けるようにすることが大切です。

それぞれが、タイプや必要性の違いによって別の道を歩いているのに、その違いを見て、自分のほうが進んでいて、相手が遅れていると思い違《たが》える人がいます。どちらが進んでいるか遅れているか、あるいは自分と相手のどちらが正しい道を歩いているのか、人はどうしても比較の観点で見てしまいがちです。それぞれが自分なりのやり方で、その人にふさわしく、必要な状況が与えられ、仕事や役目を通して成長し、カルマを果たし、社会に貢献して世の中を良くすることが叶うところに置かれていると捉えなければなりません。

自分の道のほうが正しく優れていて、相手のものが間違っていて劣っているなどということはありません。神はすべてをご存知です。それで十分なのです。人間は、それぞれの必要に応じて違いが出てきているのであり、それを適切で必要なものだと捉え、互いに敬愛し、自分がその時相手にできることを精一杯していくだけで十分です。自分のことを弁《わきま》え、他に思いやりを示し、謙虚で素直で朗《ほが》らかな心を持って、今の位置で一生懸命にするべき事をこなしていけば、それがそのまま、本源に向かって歩いて行くことになるのです。

人生の目的は次の二点に集約されます。霊的成長と、社会貢献です。霊的成長とは、自分がかつて堕落して物理領域にはまり込んだところから反省し、時には懺悔《ざんげ》しながら抜け出て、自らを浄化しつつ、高め、進化し、命の本源に向かって行くことです。より上等な生命存在に自分を仕立て上げていくことであって、人生の修行と勉学と研鑽《けんさん》と言ってよいでしょう。

もう一つの人生目的である社会貢献は、世の中を良くし、磨いた自分を生かしながら自分を役立て、他のためになっていくことです。世の中を良くしていくこと、人様のために尽くしていくこと。地上に神の王国をもたらしていく一助となることです。

この説明で明らかなように、霊的成長と社会貢献とは両面になっています。霊的成長は自分が天に還って行くこと、小乗仏教的な自己研鑽です。神の探求とも言えます。しかし、それだけでは「自分が良くなって救われることしか考えないのか」と言われても仕方がありませんし、地上からの逃避に繋がりかねません。かつて日本の浄土教で言われた「欣求浄土《ごんぐじょうど》、厭離穢土《おんりえど》」では困ります。社会貢献を同時に行うことで、自分の成長を世界に還元し、人々を、世の中を良くしていく成果が現れてきます。

地上の物理領域は、忌《い》み嫌われる、価値も意味もない領域ではありません。確かに、人間は地上に堕落して動物の一体として生きるようになったのですが、神のお心と意図は「地上の物理領域は穢《けが》れていて価値がないから、そこから早く脱出して霊的領域に還って来るように」とか、「あのような忌み嫌われる世界は早く失くしたいからあなたも見切りをつけ、そこを捨て去って上がって来なさい」ということではありません。

大乗仏教の慈悲による菩薩精神は、時に自分の成長や命の本源に還ることを後回しにして、ほかの人のために尽くし、この地上を住みやすい浄土にすることです。だからこそ、人は積極的にこの世に生まれ変わって来るのです。生まれ変わらなくて済むところまで成長を遂げ、カルマを果たし終わっていても、自己意志によって、あるいは神様からお役をあてがわれて、再び地上に生まれて来ます。それは、後輩のために自分を役立てようとする願いと目的を持っているからです。同時に、この地上そのものを素晴らしい領域にする目的もあります。

あの世に天国をもたらし、霊界を浄化し、整えることだけでは不十分です。キリスト教や一部の浄土系の宗教は、あの世志向の一方通行の捉え方ですが、それは本当のものではありません。そこには、自分だけが早くあの世に行って救われるという狭い小さな考え方が潜《ひそ》んでいます。

大乗仏教では、この世を大切にし、まだ修行中の人たちのことも思いやって協力し、この世の場を浄めて素晴らしい世界を設《しつら》えようとします。密教ではこれを密厳《みつごん》浄土と言って、とても重んじています。そこには、単なる現世利益《げんぜりやく》を超えた、本質に関わる素晴らしい狙《ねら》いがあります。

浄土系の中でも、親鸞の教えはあの世志向ではなく、還相回向《げんそうえこう》と言って、積極的にこの世に還って来てこの世を良くし、この世に残されている後輩の人たちのために尽くしていくことを大切にしています。これこそが、大きな慈悲の大乗仏教といえます。親鸞は霊的成長を往相回向、社会貢献を還相回向として、その両面を重視しました。霊界と顕界との双方に霊的進化と調和がもたらされ、あの世にも地上にも神の国が実現することが、宇宙創造神の本願なのです。

自分探しの旅においても、小乗的な旅にならないようにすることが大切です。大乗仏教の菩薩の精神に基づく旅を歩むことを心がけます。最初は小乗なものであっても、少しずつ余裕が出て目覚める時期が来たら、途中からでも大乗的な菩薩の精神を持った旅にしていきましょう。

人にはそれぞれの段階やプロセスが必要です。最初は自分の認識や自己回復、自己発見、自己実現、使命達成、自分や家族の幸せを目標として自己探しの旅に入っても、一向に構いません。しかし、いつまでもそれだけで満足しているのではなく、ある程度自分の課題が片づいたら、周りにも目を向けることです。

「この世はつまらない世界だから一日も早くあの世に向かい、さっさと地球学校は卒業したい、解脱したい」という捉え方ではなく、極端に言えば、「地上にいる六七億人が一人でもこの世に残されているうちは自分も留まる」くらいの、大きく純粋で利他的な愛があると最高です。それによって、自分自身もさらに大きな悟りを得て本源へと肉薄していくように、他力の精神で思わず引き上げられていきます。

お祈りでも自己探求でも、自分や家族だけではなく、もっと大きな範囲まで考慮に入れられるようになると、自分自身の意識が拡がり、それだけ性質や有り様が命の本源に近づいていくのです。

使命を遂行するということは、霊的成長と共に、社会貢献の側面をも指しています。これは人生目的の利他的側面です。自分が高まるというよりも、降りてきて他に合わせ、応じる愛の働きです。使命を「自分の使命」と限定しすぎず、協同作品と捉えるとわかりやすいでしょう。これを仏教では、「縁起」とか「ご縁」と呼んでいます。その基には大乗仏教の空《くう》の真実があります。出会うものすべてが互いに関わりがあり、持ちつ持たれつの縁があるのだから、自分だけが良くなり浮かび上がって、天のふるさとに帰還することが人生の目的ではないことがわかってくると思います。

使命は社会貢献であり、奉仕です。それは個人を超えています。互いに協力し分担し合って、人類としての一個の巨大な作品を創り上げるのが使命です。そして、その一部に自分にふさわしい持ち場が存在している、それが役目です。役目を通して他の役に立ち、自分も過去を償いながら成長を遂げるのです。その結果、本源に還って行く道を辿れるようになります。

社会貢献と霊的成長とは別のものではありません。社会貢献の中で霊的成長が起きます。この両面は一つ、ONEなのです。一人ひとりが今いる所でするべき事に勤しみ、励むことが、カルマを果たし本源に還って行くことになります。

出家することにも、意味や意義はありますが、基本的には在家の菩薩道が、神のお心に適った生き方です。なぜなら、神は現実の中で人を育成し、浄められ良くなる機会を与え、生かされて他の役に立つための仕事や義務を時機に応じて授けてくれるお方だからです。

この地上自体がいわば大きな学校です。地球学校と呼んでもいいでしょう。人は進級するために生まれ変わって来ます。この世を大きな一つの学校であると考えて、そこで一人ひとり学びに取り組み、同時にクラスメイトたちの学びにも責任があるということです。他を蹴落として自分だけが良い成績を取り、卒業して学校と離れるのではありません。学校を嫌って早々《そうそう》に出て行ったりすることも神のご意志と違ってしまいます。

時には自分が家庭教師を務めるくらいのつもりで、他のクラスメイトと共に卒業できるように、この地球でゆったりとした心で、愉しく取り組んでいくことが、神のお心に適い、真の意味で自分のためにもなるのです。そのプロセスが、自分をさらに大きく成長させ、実力を向上させていきます。じれったく回りくどいように見えてもそれが早道です。自分を磨いて精一杯他者のために生かす使命によって、さらなる成長が遂げられていきます。

人間が存在するのは、神の恩寵、恵みによります。気づいてみたら自分がいた、ということです。時に人は物理的なレベルに捉われて、肉親に対し「産んでくれとお願いしたつもりはない。なぜ自分を産んだのか」と迫り、愚痴を言う時があります。もちろん本音ではなく、ささいな反発心から否定的な言葉を言ってしまう場合がほとんどです。

人が生まれて来る場合、親は生まれて来る子を選び、生まれて来る子も、親を選びます。親子は相互的な関係ですから、「何で産んだのか」と親に迫るのは法則からして不適切です。同じく親が、生まれて来た子が思うようにならないからといって、「こんな子に産んだつもりはない」と子供をけなしたり、否定したりするのも、理に合わないことです。

親も子も、その関係は自分自身に責任があります。「なぜこの両親から生まれてきたのか」それは、自分が生まれて来る時にその両親を選んだからです。ですから、「こんな親はいやだ。自分はこんな親を選んだつもりはないし、そもそも生まれて来る気もなかった」ということは法則からしてありません。

同時に、生まれて来た子にがっかりし、「こんな子供を生む意図はなかった。たまたま生まれて来てしまったのだから、自分に責任はない。なぜ私たちの子に出てきたのだ」と、そのように子どもに言う両親がいるとしたら、その親は、本当のことがまだわかっていません。

その魂を我が子として授かったのは自分が選んだからであって、自分の責任です。同時に恵みでもあります。責任というと負担のような重たげなイメージですが、これには原因と意味があり、ふさわしい事が起きたということです。お互いにとってぴったりのご縁と、状況設定になったということです。その現実にすぐに納得したり、心から受け入れたり、喜んだり感謝したりできないとしても、神はすべてお見通しの上でそのように結んで下さっており、自分がいて親がいて、さらに自分に子供ができる縁が結ばれています。

すべてはお計らいで起きている事なので、その法則を理解して心から受け入れ、「この親であって良かった」「この子供を授かって良かった」と、心から思い、現状を認め、和合するようになると、神のお心とご計画に沿うことになります。

人には、感じる、わかる、受け入れる、折り合いをつける、というプロセスが必要です。生まれて来て生きていくこと自体が、理解と成長と浄化のプロセスなのですから、すぐに折り合いがついたり受け入れられたりできず、現状でうまく務めを果たせなくても、まずは良しとするべきです。自分自身に対しても人に対してもそうです。このとき、理解に基づく寛容さや赦しの精神が求められます。それによってお互いに理解し、現状をサポートし、助け合いながら成長に取り組めば、その中で折り合いがつき、うまくいくようになるのです。そのようなプロセスを辿るために、それぞれの人がふさわしい所に置かれています。

人が現在置かれている状況は、偶然ではありません。どんな状態にも偶然はありません。その時点のその人にぴったりで、全くふさわしい状況に置かれているのです。人がさらに成長したり自分を発揮できて、生き甲斐《がい》や喜びが感じられる、最大限に自分を生かしたり成長したり、カルマを果たせる状況になっていると考えてください。

また、自分の状態や置かれた状況には、直接自分に原因と責任があります。それを理解し前提にして、今するべき事にベストを尽くしていけばいいのです。そして、周りの人もそうできるように理解し、見てあげれば、それは相手に対して最も良い事をしてあげたことになります。そのことがまた、自分をも高め、大きく成長させるのです。

すべての人は神から創られ、霊的領域から落ちて輪廻転生に巻き込まれ、その中で浄化、育成されて命の本源に還って行くプロセスを辿っています。誰でも、善くも悪くもその人のその時にふさわしい所にいるのです。

第4章

カルマが今の人生に与えている影響

カルマとは、「行為・行動」の意味です。これは、身体を使っての物理的な行動ばかりではありません。確かに物理領域においては、実際に行動することで結果が出ます。行動しなければ結果は出ません。思ったり話したり願ったり、意図しているだけではこの世は動きません。身体を起こして行動しない限り、目標を達成し、問題を解決することはできないわけです。その意味で、カルマとは実際的な行動のことです。実際にどんな行動を取ったかに応じて、それ相応の結果が出る。その行いの因果関係をカルマと言います。

しかし、この世は物理領域ではあっても、背後に魂の領域、さらに霊の領域が控えています。霊が原因となって魂が創られ、魂が原因となって身体や物理領域が創られているのです。その意味で、この物理領域は結果の世界であり、生産物とも言えるでしょう。霊界の反映として物理領域があります。一人の人間の中で見れば、その人の魂の意識である潜在意識が行動や出来事を起こさせたり、体を創り上げたりしているということです。

その意味では、単に物理的な行動だけでこの世の事が起こっているのではありません。すべての原因が心にあるため、心で意図したり願ったり、イメージする事が現実に影響を及ぼし、結果をもたらします。たいていの場合は、思いが行いに表れ、直接にはその行いによって結果が創られ、変えられていくという因果です。場合によっては、心の思いや意図だけでも、あるいは言葉だけでも、現実に影響を及ぼし、動かして変えていくこともあります。

これは、悪いあり方や状態を持続させることに加担する場合もありますが、良い事を維持し持続することに協力するような良い意図や思い、そしてそこから導き出された良い行いもあります。祈りは良い行いの最たるものです。ほとんどの場合、心で念じたものが次第に表に顕れ、態度や行動や言葉で周りに影響を及ぼし、現実を動かしています。

ただし、本当に念やイメージや意図が強い時は、物理的な行動に出さなくても霊界と感応し、霊界の似たような思いを持つ御霊《みたま》との関わりで、この世に思わぬ事を引き起こすことになります。これも、良い影響と好ましくない影響の両方があり得ます。

このカルマの因果関係は、今の人生を超えて、前世から今世、今世から来世へと続いています。さらに細かく見ると、霊界をも巻き込んで進んでいることがわかります。つまり、この世で行った事の報いが霊界に行ってから顕れたりする場合があるのです。または、霊界で思ったり行ったりした事の結果が、この世に生まれ変わってきてから顕れたりすることもあります。

中には、この世で行った事の報いをあの世に行って体験させられて改悛し、あの世で自らを浄めることでカルマが解消したり、罪が赦されて、次に生まれて来る時にはより素晴らしい存在として、恵まれた境遇に生まれて来ることもあります。

カルマの因果関係は、前世から今世、今世から来世というこの世の流れだけではありません。カルマの因果は、霊界をも含んで連鎖的に反応していきます。

しかし、どんな事が起きても、どんな状況が巡ってこようとも、それは神のお計らいによって浄化し、大切なことに気づかせ正させる、育成する愛の教育の目的に由来することです。

「カルマは単なる機械的な行為の因果関係で、無意味なもの」ということではありません。神が人間を育て導き、本源へと復帰させるために、その大きな愛をもって導く手立てとして設けられた法則です。

神による、神の子たち一人ひとりへ向けての愛の教育の手段と導き、それがカルマです。

カルマは、行くべき方向に沿って最も効果的に作用します。カルマは魂の法則ですから、表面的には物理的な行いの法則に見えますが、よく見直すと、魂に介在し、魂という行いの基にある心を浄め、正し、気づかせ、愛を育成する法則、あるいは手立てだということがわかります。現実に何をしたからどういう結果が出たという、単純な物理法則ではありません。

それゆえに、基になる心が浄まったり気づくことで育成され、神様の方に向かって行きさえすればよいのです。罰したり、罪を償わせるというより、愛の教育だというほうがいいでしょう。それを踏まえて現実に起きることを見ていかなくては、物理的な因果関係だけで理解しようとしても、割に合わず、納得できないような作用の仕方もあります。

カルマはもともと、神による神の子たちへの愛の訓育という目的で創られ、作用させられている動きです。正義と公正の法則である以上に、内面を陶冶《とうや》する神の篤《あつ》き意図が感じられるはずです。

また、カルマは神様からの、気づかせ果たさせながら育て導こうという愛のシグナルにもなっています。現実に起きた事はすべて意味があり、神様からの篤き知らせになっているということです。それがわかれば、人は現実的、実際的になることができ、一〇〇%現実を受け入れ、ここに今、身を置いて精一杯生きられる人になれます。安心し満足して、現場主義で生きていけるようになり、現実に対する信頼と安堵が出てくるようになるでしょう。

決して、観念的な神探しや自分探しだけに終わらないようにしてください。現実から逃避して「現実は理に合わない、価値がない領域」と見なしてはいけません。私たちは、物理的なこの世の現状のただ中においてこそ、今するべき事を行いながらダイナミックに神と交流し、育てられ、浄められ、守り導かれているのです。

第5章

心や思考の成り立ちと、今の人生への影響

人間は心と体からできています。心と体とは一応別物ですが、緻密に関連し合っています。心の基である魂が体を作ったのですが、一般的なイメージでは、人間は一つの体に魂が宿ったものと見られています。

確かに、輪廻転生のプロセスにおいて、作られつつある肉体に魂が外から入り込むということはあります。しかし、基本的には魂が肉体を創造しているのです。先に体があり、魂が後から飛んで来てそこに納まったという関係ではなく、魂がまずあって、魂が体を作っていくのです。魂が自分の中から相応のものをつむぎ出したという感じです。魂と肉体は、作者と作品の関係になっています。

魂は、物を作る性質と働きを持っています。そのため、自らの宿る体を作るだけではなく、自分の周りの状況や環境も、魂が創り出しているといえます。

現実とは本人の心の投影です。昔、インドで瞑想や内観、ビジュアリゼーションに取り組んでいたヨーガの修行者たちが、心の性質と力に強く感じるところがあり、そこから唯《ゆい》識《しき》思想が説かれるようになったのです。それは弥勒《みろく》から始まり、無着《むじゃく》と世親《せしん》の兄弟が基礎を築きました。

その後、大乗仏教は、空の中観《ちゅうがん》思想と唯識思想との二つを理論的な柱とするようになりました。後に密教が登場し、この二つの理論を基にして、実践的に現実に応用されるようになりました。それが中国を経由して唐の時代、空海によって日本にもたらされたのです。

人間の心には力があり、自分の体を作ったばかりではなく、現実も創ることができる。心を統御できるようになり、心の力を増し発達させれば、現実を統御したり、変えたり、浄めることもできる。それが心の成長であり、魂の目覚めや浄化によって可能になる。さらにそれは、霊的成長の証《あかし》でもある…。このようなことが知られるようになりました。

現実は、表面的には物の領域です。環境も人間も物であり、物質からできています。しかし、全く物だけの領域かというとそうではありません。

人間も人間の住む環境も、物だけではなく、心と魂があり、もっとも基礎の部分には、神仏に通じる霊の世界が広大無辺に存在しています。霊の世界や宇宙に心の働きが始まり、それが具現化され、物を浮かび上がらせて、霊の生命の海に物が浮き、漂《ただよ》っているというイメージです。

この宇宙のすべてが、地球や人間や自然も含めて、霊の生命の世界に浸されています。それによって蘇生し浄化され、育て導かれているのが本当の宇宙の姿です。神の介在によって、生き物には心が宿り、感情が働き、思考も動くようになりました。さらに、神は人間を個性ある生き物として創造されました。一人ひとりをかけがえのない存在として下さったのです。

しかし、人間は単なる神の操り人形でも、機械的自動的に動くだけの受身的な存在でもありません。神は、我が子として人間を創造して下さったからです。それだけ尊重して下さっているのです。人間は神の奴隷でもロボットでもなく、神の実の子なのです。これは、イエス・キリストが「これからは、あなた方を弟子とは呼ばない。友と呼ぼう」と言われたことにも通じます。

ユダヤ教までは、神と人間との関係は主人と奴隷のようでした。しかし、イエス・キリストが出られてから、神と人との関係が一変し、正しい親子の関係になったのです。そこに神の愛があります。社会的、形式的、機械的な一方的関係から脱し、神と人間とを家族の関係にして下さったということです。心を与えられ、自由意志が備わっていることこそが、神の子である証です。

一人ひとりの中で動く心や思考は、一番の基は神様に由来しながらも、本人が自由意志で、自らの責任で取捨選択し、創り上げて動いています。

・

心や思考がどのように動くのかは、本人の自由意志に基づきますが、自由意志があっても、実際の大部分は、自分で創り上げてきた過去からの習慣や習性に方向づけられ、規定、制約されて動きます。仏教のカルマ論でも、習慣ということを強調しているように、自分で思うことによって自分の習性を強化するのです。それを仏教用語で「薫習《くんじゅう》」と呼びます。魚を焼いた時に、炙《あぶ》り出される匂いが周りに漂い、魚から発せられると同時に自らに返っていくことに喩えられます。

魚の燻製《くんせい》を作るとき、また、果物や穀物が発酵するときの様子が薫習です。人間も魚や果物と同じように、自分の中からあまり好ましくない思いや想念を発すると、肉体が腐敗し、いやな匂いを発して周りを汚し、さらに自らにもそれが返ってきて、自分をますます臭くしてしまいます。

このように、人間は生まれ変わりながら、悪い想念を周りにばら撒《ま》いて周りを染め上げ、影響を及ぼし、それが自分自身に返ってきて自分をさらに悪化させてしまい、ますます悪い習性を根付かせるというループに陥ってしまっています。

悪い思いを抱けば抱くほど、それが自分に染み付いて悪化してしまいます。逆に、良い思いを発すれば発するほど、祈りや良き思いから行動することで周りを浄化し、良い影響を及ぼすと同時に、それが自分をも浄めて整え、きれいにしていきます。この両方が仏教で表現する薫習の意味で、習気《じっけ》とも言われます。これがカルマの実体です。

生まれ変わりの中で薫習を繰り返し、現在のその人の心や思考の有り様が創られてきています。ただし、その一方で、神から自由意志が与えられているので、単にカルマの影響だけを受けて運命が定まってしまっているのではありません。神に自分を委ね、神との関わりで生かされて生きる人生へと自分を向け始めると、神との繋がりで、神から頂いた自由意志が働き出します。それによって本来の自由を取り戻し、神様のお力が注がれて魂が浄化され、育成されていきます。神のお導きがはっきりと働き出すようになるのです。自分が最大限生かされ、神の協同創造者としての仕事を請負う、担い手となっていくということです。

真の自由が実現する時は、カルマをすべて果たして脱却する時です。これを解脱と言います。解き放たれて脱するという意味です。カルマの汚れや自我への執着から脱却することです。空観、縁起観はそれを推進します。

人間は本来神の子として創造されました。その段階に到達すると、自由意志によって正しく取捨選択し、思い通りの最善の結果を、神との関わりで自由に創り出すようになります。創造神と一致するところまで心が浄められ発達を遂げると、体や物理的な次元に制約を受ける代わりに、それらを治め、浄め、育て導けるようになります。それが神の子の証です。

そこまで魂が成長を遂げれば、周りを支える人となり、主体性のある人生を送ることができるようになります。それがマスターです。イエス・キリストやブッダは、そのことを身をもって示して下さった人類のお手本であり、目標になる存在です。
それぞれの人が、自分の霊的な系統に応じた師匠を目標として持つことで、それが参考になったり励みになったり、自分の戒めになります。教えと共に、教えを具現化したモデルがいると、学びにも取り組みやすくなります。目に見える基準に自分を当てはめることで、「自分はどこが間違っているのか、どうしていけばよいのか」が、察せられるようになります。だからこそ、いろいろな宗教に目標となる先輩が現れ、さまざまな教えを説いているのです。

さらに、使命という観点で見ると、宗教に限定されず、教育、芸術、科学、ビジネス、政治など、あらゆる分野にお手本となるモデルがいます。その人たちを見ることで、自分の使命をどのように遂行したらよいかがわかってきます。そして自分の内部の声を聞き、また自分の過去の経験を通して得られた教訓を肝に銘ずることで、さらに深く理解できるようになります。現状に向き合い、勘を働かせ、未来の自分のあるべき姿や、完成した理想のイメージと照らし合わせていくと、使命を遂行していくプロセスが見えてくるでしょう。

人間は心と思考を創り上げ、一方で自由意志を少しずつ働かせて、周りの環境に日夜、影響を及ぼし続けているのです。それは唯識思想で説かれていることです。そのことに気づき、できるだけ良い形で働くように、自分の心の癖を知って、周りに配慮し、心を上手に用いましょう。

第6章

出来事は自分へのメッセージなのか

なぜ物事が起きるのか。それは、個人レベルと大きな全体レベルとの、二つの観点から説明することができます。まず、個人レベルで見ると、出来事は本人の潜在意識の反映として起きます。

わかりやすく言い直すと、本人の奥深くにある意志が物事を起こしているのです。しかし、本人が思ってもいないような事が起きる時、意図しているのと反している事が起きてしまう時、偶然物事が起きたように見える時、事件が一方的に外から降りかかって起きるように見える時など、とても自分の意識がその物事を起こしているとは思えないことがあるでしょう。

それらの場合は、本人が自分の潜在意識で出来事を起こしたとはとても見えず、むしろその正反対にすら感じられます。願っていたのと正反対の事が起きたりするからです。あるいは全く予期しなかった事、夢にも思わなかった事が現実になるからです。自分と無関連に、一方的に物事がやって来て、自分はその被害者だと捉える人たちは、いまだに多くいます。

これは、本人が自分のことをまだよくわかっていないために、自分の潜在意識がその出来事を引き起こしたとは思えないからです。しかし、掘り下げてみると、本人すら自覚していない奥深い部分で自分に必要のある出来事であったり、自分が本当の意味で願っている事を、教訓を込めて自分にあえて起こし、自ら招いて体験しようとしていることが判明してきます。

本人すら、自分のことが全部わかっているわけではありません。多くの人たちは、自分のことが全部わかっているという前提で、出来事を見、扱っています。だからよくわからなかったり、矛盾に見えてしまったり、割に合わなく見えたり、被害者意識に囚われたり、人を実際以上に悪く捉え、責める気持ち、恨む気持ちが生じてしまうのです。

カルマは、自我への執着、我執《がしゅう》です。また無知にも基づきます。そこから雪ダルマ式に膨れ上がって、薫習という習性が身に付いて生まれて来るものです。習性というカルマは、体の行動パターン、生活パターンばかりではなく、心の癖、つまり考え方や捉え方や感じ方にも表れ、それが現実にそのまま投影されて、あたかも鏡に映したかのように、あるいは光を反射するかのように、状況や出来事として己に返ってきます。出来事は、自分へのレッスンとして自らに課した教訓なのです。真の意味で自分に必要で、ためになると超意識が見なしたものです。

その意味で見ると、私たちは自分に必要でためになる事を、自ら引き起こしているのです。自分の本体である超意識は、とても賢く、愛に満ちているため、自分の顕在意識や体などの実際的な面がその出来事や状況を好まず、避けたいと感じていても、超意識は冷静に的確に判断し、必要な事をタイムリーに起こします。そのため、人は、望まない経験をもすることになります。苦難に見舞われ、願い事が叶わなかったりするのです。それは偶然ではなく、誰かからの仕打ちというものでもなく、それこそが自分のためになり、カルマが果たされ、解放されて前に進めるからこそ起こることです。

このように、本人の中にある前世のカルマや課題が解けるために顕れ出て、さまざまな現象を招き、本人を浄め育て、大切なことに気づかせるのです。

また、本人の潜在意識や表面意識の意図や思惑や願いとは裏腹に、それを超えたところで神が洞察され、その時当人に必要でふさわしい事を与えられることもあります。これに関して、本人の超意識から起こる出来事との矛盾はありません。なぜなら、本人の超意識は神の分霊であり、神様と共にある、神のお心に相通ずる、いわば内なる神、神の心だからです。

信仰している人は、神仏がその人のために出来事を起こされると捉えてください。信仰的な観点で捉えにくい人は、自分の超意識が潜在意識を超えて働き、出来事を自らに引き起こしていると捉えてください。どちらでも間違いはありません。また、あの世との関連で出来事が起きる、と見ることも可能です。

信仰を持つ人は、神がメッセージとして出来事を与える、と捉えるとわかりやすいかもしれません。宗教は受け入れにくいけれど、精神的な事やスピリチュアルな事は受け入れられるという人は、人間論や心理学的な観点で、本人の奥深い意識が出来事を招くと捉えるといいでしょう。両者とも、究極的には同じ意味です。

神が人間を育て導く手立てとしてカルマの法則を設け、人間を教育し、浄め、導き、引き上げるために、カルマの法則を使っているともいえます。そのため、起きる事や体験する事は、当人が自分で創ったカルマが顕れ出てくることであり、それと同時に、一番の元ではカルマの法則を使って、神が出来事を起こされ、課していることなのです。「身から出た錆《さび》」という表現があるように、出来事は、直接には本人が自分自身に招いた、いわば自業自得です。

何かを行えば行ったとおりの結果が出る。それがカルマであり、それに応じた出来事が生じ、体験し、結果が創られる。それが、カルマが果たされていくプロセスです。これは機械的な因果律ではなく、神が、人間を愛をもって育て導き、本源へと引き戻そうという意図から作用している法則です。その意味で、根本のところでは神が出来事をその人に与えたのです。

仏教では、人間論の、カルマ的観点で出来事を説明しています。一方、キリスト教やイスラム教ではカルマ論はほとんど説かず、神様が試練を与えると説いています。本当は、キリストご自身はカルマをご存知で、これを説いていましたし、聖書にも記されていますが、現代の聖書学には輪廻転生とカルマへの認識がないため、聖書を正しく読み取れていません。

キリスト教やイスラム教では、神様が出来事を起こすということを強調するため、人間が自ら引き起こしているカルマに関してあまり気づいていません。輪廻転生を認めず、奇妙な異端、邪説として拒否してしまったからです。しかし、モーセもキリストも、カルマと輪廻転生を知っていました。

実際に目覚めて悟りに達すれば、カルマと輪廻転生が事実であり、本当に起きていることだとわかります。しかし、そこまでまだ霊的に進化していない人たちが、説かれた教えだけをそのまま守り、形式主義に陥っているために、人間が自己責任で出来事に向き合っていることに気づけないでいます。それゆえに、神と人との関係が一方的に捉えられているのが、キリスト教やイスラム教の特徴です。一言でいえば、他力的すぎるのです。

一方、仏教や一部の宗教は自力的になりすぎていて、神の恩寵の面や、神にお委ねして引き上げられるという面が希薄です。本来は他力の下で自力が生きてきて、実りをもたらすものです。行いとその影響に関しては、人間が直接行ったことなので責任がありますが、究極的な観点では、神がその人のためにカルマを利用して、その人が行った事をうまく計らい、効果的に出来事を起こして下さっていると認識しなくてはいけません。一方的な見方で捉えると、実情から逸れてしまいます。すると、現実の動きが正しく理解できず、納得いかないのです。自分の好みや立場、信条や偏見に捉われすぎることなく、広く平らな心で事実をただそのまま受け入れ、適切に対応することが求められているのです。

出来事は、カルマの法則によって機械的に起きてくることではありません。神様がカルマの法則を創られ、一人ひとりに対して大事なことに気づかせ、改めさせ、間違いを正し、成長して元の所に復帰できるように、その法則を用い、出来事を起こして下さっています。「良薬《りょうやく》口に苦《にが》し」という諺《ことわざ》のように、本当にその人のために良いものが本人に好まれるとは限りません。自分が好きな物だけを、好きなように食べたり飲んだりしていては、体を壊し、病気になって、寿命の前に死んでしまうのと似ています。わかっていても、人間はそのようにしてしまいがちなので、そこに神が介入されて、本人としては好ましくない嫌な事や苦手な事を起こして下さいます。そのことに気づいて、事態や出来事や人を素直に受け入れる人は、ますます神のお心にかなうような方向で、現実に起きてくるようになるのです。本当の行《ぎょう》とは、現実の中で出来事を通して成されていくことにほかなりません。また、このことに気づいた上で修行をすれば、その修行は効果的で大きな実りをもたらします。本来、修行とは、わざわざ自分が好まない事や苦手な事を選んで、自らに課するものです。それによって弱点が補強され、歪《ゆが》みが正され、濁りが浄められていくのです。その方向で行を行えば、行は、さらに良いものとなります。しかし、これを単に自分をいじめたり我慢比べのようにしたり、行をしているのを他に見せつけようとする意図があると、本来の行から逸れてしまい、意味がないばかりか、自分をも損ねてしまいます。

本来、人生そのものが神様による修行場に設定されているのです。それが地球学校ですから、いつでも現場主義で実際的に生きること、今置かれている状況が私たちの教室であり、関わる人たちがクラスメイトであると捉えて、現実に起きる事をテキストとして、誠実に生きることでカルマは着々と果たされ、自分もその中で浄め育てられ、引き上げられていきます。

出来事は、神からの篤きメッセージです。その時その人に必要で、ぴったりの事が起きてきます。一人ひとりに異なった事が起きるのは、神が多数おられるからというより、同一の神様が一人ひとりに対して個別教授をして下さっていることを示しています。マン・ツー・マン方式の体験学習を主としているのです。

根本の神様は、地球学校の校長であり、どんな宗教や宗派をも超えた、共通の源です。そこからすべての宗教や霊的存在が現れてきています。そして、一人ひとりに付いて下さり、育て導かれているのが現実です。それゆえ、現実重視で生きていくのがよいのです。

霊界や霊的存在、本人の前世とカルマ、今世の目的と必要な学びに応じて出来事が起きています。それによって、私たちに過去のカルマを果たさせ、学びがどの程度なのかを試し、将来の使命に備えさせ、育て鍛えられているのです。その有効な働きとして、さまざまな人生上の体験がやって来ることを知りましょう。

第7章

あるがままの自分を受け入れるという意味

人は、自分自身に対しても人に対しても、注文が先に出やすくなりがちです。また、欠点に目を向けて、弱点や間違いや過失を直視し、それらを明らかにしてそれを正したり克服したりすることが苦手です。自分の悪い点を正直に見つめて正していくことが、良くなっていく着実で手っ取り早い取り組み方であることは本当です。ですが、人は固有の良さや優れた面を持っており、周りからの理解と労りや励ましを頂いてこそ、潰れずに支えられながら次に進んでいける、繊細な存在です。

教育は、基本的に飴《あめ》と鞭《むち》を用います。サーカスでいろいろな技を行う動物を調教するように、人間も基本的には変わりありません。なぜなら、人間存在の七割程度は動物の部分から成っているからです。チャクラで言えば、第一から第三のチャクラまでは人間であっても動物のチャクラです。

人間は、身体レベルでは動物から進化を遂げてきているので、その基底部分を考慮に入れなければ、人間を本当に理解することはできません。本当の意味で理解していなければ、自分自身や人を育てたり、本源に還って行くことすら危うくなります。

人間には動物的な部分があり、さらにその根底には、植物や鉱物の部分すらあります。表面の理性や認識だけを追い求めていては、人間の進化や育成は図り難いのです。マズローの心理学でも、人間の欲求や願いは段階的に幾層かを成していることが説かれています。

動物と同様、人間にも睡眠欲、食欲、性欲などの原始的な欲望があります。それらを無視したり軽んじたり、それに目を向けないでいたら、本当の進化や本源に還って行くことは難しくなります。本当はまだ克服したり解消できていないのに、単に出家して戒律や律法を表面的に守るだけでは、霊的成長には無理があり、そのような人が霊界に行って生まれ変わると、歪んだ形で顕れ出てしまうことになります。

前世で僧侶や尼さんだったから、あるいは神官や牧師だったから、というだけで、高い次元に達して生まれ変わってこられるとは限りません。むしろ、普通の人よりも歪んだ形で、前世の抑圧や逃避やごまかしが顕れ出る人が実際は多く存在しています。僧侶や尼さんになろうとする取り組み自体は尊く、意義がありますが、出家したり行に取り組んでいるだけで立派であるとか、課題を克服できているとは言えませんし、まして聖なる衣が何かを保証してくれるものでもありません。

自分の実情を、善きも悪しきも含めてすべて認識し、素直になって平らに全貌を眺め、受け入れることから新生が始まります。認識して全部を受け入れることなしでは、次に進みようがないからです。

自分が置かれている現状は、良くも悪くもそれ相応の原因や理由があってのことだと知らなくてはなりません。もしなんの理由もなく今の状況があるとするなら、認めて受け入れるという作業は必要ないでしょう。しかし、この世界には、必ず以前があって今がありますこれまでの経過があって今のあり方があるということを理解しなければならないのです。それによって初めて、学びの土台が築き上げられるようになります。

本当の意味で自分を大切にし、愛すること、それが修行と霊的成長の基本です。それは原始仏典であるスッタ・ニパータや、ダンマパダにも記されています。すなわち、修行者や真実の探求者は、自分を大切にするために、自ら苦難を背負い大変な行に自分を向ける、ということです。自分をいじめるために苦行や荒行をするのでは意味がありません。ブッダも最後は苦行をやめ、静観して悟りに到達されました。

真に自分のためになり、それがひいては周りのためにもなることがわかるからこそ行うのです。または、自分のためになり周りのためになる事を選んで行うべきです。それに適っていない荒行は何の意味も成しません。多少の根性がつき、忍耐強くなる程度の意味しかありません。

自分を無意味に痛めつけて苦しんだり、自虐に陥ったりするよりも、本当に意味と効果がある苦難や行をこそ自分に課すべきです。その意味でも、現実に起きる事はすべて意味のあることですし、しかも必要な事が起きるのでとても効率的で、絶妙な育成法になっているのです。現実の問題や、苦しさや、自分の課題を避けて、出家したり、ヒマラヤに籠ったり、行に打ち込むよりも、現状に素直に向き合い対応していくことが、最も効果的に本源に向かうこととなり、神のお心に沿って、周りのためにもなれる道行きです。

まず、自分の何もかもを見つめ、それらには根拠や意味があることを知って、認めて受け入れてあげましょう。そうすることで、安心し楽になり、余裕が出てきます。感謝と喜びも湧いてきます。自分の良い部分が稼動し始め、いい方向に伸びていく態勢がつくられていきます。自分や人をただせっついても、効果的ではありません。

現状が良かろうと悪かろうと、気に入っていても気に入らなくても、事実がそのようであるならば、まずはそれを認め、それを前提に物事を考え、前向きに取り組むことです。現状がだめだとか嫌だとか、ただ拒否しながら自分探しに取り組んでも、何ものも生み出せません。まずは、すべてを認め、受け入れるところから始め、自分に対しても本当の愛をもつことが必要です。神は、人間一人ひとりを認め、受け入れた上で関わって下さっています。人間も、自分に対してそのようにしてあげるべきです。

大きく平らな愛を、自分にまず注いであげることです。それはもちろん、単なるエゴや、わがままや甘さとは全く異なります。ごまかしでもありません。これまでの宗教は、本当の自分への愛と、エゴやわがままや甘さなどを許してしまう、偽りの自分への愛とを区別できませんでした。自分への愛が必要なことを薄々感づいていても、それ以上に、利己的で狭い自分への愛に陥ることや、罪を犯し、社会に混乱を招くことを恐れすぎたのでしょう。

そのため、自分への愛を魔的なものとして、回避しようと意識しすぎています。それが、キリスト教や仏教をはじめ、多くの宗教に蔓延している病根です。

神は本来、愛と恵みと命のお方です。それは、ヨハネによる福音書にも書かれているとおりです。それが健全な捉え方であり、取り組み方になります。むしろ、最近の心理療法や、研修や人間論などのほうが、このことを正しく健全に捉えています。

すべては、人間の実情を直視するところから出発しなければなりません。恐れすぎて自虐的になってしまったり、人にきつく要求したりしても、何ものも生み出されず、却《かえ》って損ねるばかりです。

自分に本当の愛を注いで、その上で、厳しくしっかり取り組めばいいのです。人に対してもまず愛で理解し、受け止め、その上で、時に厳しく、適切に関わってあげることが大切です。

そもそも、神は人間一人ひとりに、そのように相対《あい》しておられます。人間もそのことを見習えば、さまざまなことがうまくいくようになるでしょう。

第8章

自分自身を認識、理解するためのツール

自分自身を認識し、理解するために有効なツールがいくつかあります。それらは、いずれも神様から人間のために、この世において与えられた機会です。一人ひとりがそれに気づいて受け入れ、上手に用いて成果を上げられるかどうかが問われています。一人ひとりがその時の自分に合わせて上手に用い、運用していくことです。

いつでも、自分の自由意志を最大限に活用し、置かれた状況で許される範囲の中で最良のものを選び、自分を望まれる方向へ向けていくことをどの瞬間にも怠らず続けて、前に進んで行くことが秘訣です。

一、祈り

一番目のツールは、祈りです。

本人が気づいているいないにかかわらず、また、本人が好むと好まざるとにかかわらず、人は命の本源との関わりで生かされている存在です。一人ひとりが、神の下で導き育て上げられています。

状況はいわば教室であり、この世で起きる事は、一人ひとりを導き鍛え上げるためにあります。体験する事自体が、その人のその時点での必要や課題を物語っています。起きてくる事、体験する事、それに対するその人の行いと反応ほど、その人を表しているものはないと言っても過言ではありません。

人生は訓練であり、試みです。同時に恵みでもあります。祈りによって、神に育て導かれていることがわかると共に、それがますます自分の身に及ぶようになります。太陽が地上のどんな生き物にも満遍なく降り注いでいるように、誰においても満遍なく、神の恩寵とお導きが及んでいますが、そこで本人が気づいて意識して神に自分を向ける、すなわち祈ることで、それだけ神の働きや恩寵が多く及ぶことになります。

祈りとは、自分から意識を神に置き、神に働きかけ、自分を神に向けていくことであり、自分に与えられた自由意志を最大限に活用することです。祈る中で、神の働きかけによって、自分に関することも啓示され、明らかになってきます。

精神世界に携わる人やスピリチュアルな人たちは、瞑想はしても、祈りは宗教のすることだと捉えていて、あまり祈りを好まない人たちが多いようです。しかし、祈りは、宗教の組織に所属していようといまいと、人間なら誰にでも必要なことであり、呼吸し食事することと同じくらい根本的な生活上の営みなのです。その人に応じた祈り方で祈ってください。形式はさほど必要ありません。

形態や形式を否定するわけではありません。ただ、「祈りは形態や形式だけのものではなく、それ以上に真心と誠意である」と捉えたほうが、祈りに抵抗のある人たちにとっても受け入れやすいでしょう。いずれにしても、その時の自分に応じて、受け入れやすく行いやすい、最も適切で効果的な祈りを行うことです。

神との関わりで人があります。神との繋がりは人間の命綱です。どんな枝でも、幹に接続していなければ枯れてしまうように、人も神との繋がりを維持しなければ生き続けられません。枝が成長し、健康で葉を生い茂らせ、花を咲かせたり実を実らせたり、次のための種を宿せるのも、幹に繋がっていてこそできることです。

神は何でもかんでもなさるお方ではなく、本人に行動を委ね、本人が気づいて、自らの自由意志で選び取っていくことを求めています。それゆえに、祈りによって自分を積極的に神に向け、神に委ね、主導的に接続していくのです。それによって、一人ひとりの中に命が回復し、自分らしくなり、現実的にも成り立ちながら着実に成長を遂げていくことができます。生きていく力を授かり、自分を発揮し、自分を生かす機会が巡ってくるのです。

自分を認識し、自分を理解するということも、神と接続し、神と交流する中で起きてきます。自分だけで思案したり、考えるポーズを取ってみても、それだけでは、自分を認識したり理解する範囲には限界があります。

人間は、植物や木と似ていて、大地に根を張ってこそ、生きて成長し、健全にいられます。根無し草でいてはせいぜい二、三日しか持ちませんし、風雪にも耐えられないでしょう。人間にとっての根を張る大地は、霊界、さらには神仏がそれにあたります。しっかり根を張って安定すること、そして大地の養分や水分を十分に吸収してこそ、自分に目覚め、自分探しもうまくいき、良き実りがあります。

花を咲かせるのは、使命がうまくいき、自分が生かされることで周りのお役に立つこと、自分自身も生き生きして明るく元気になることを表します。実が実るのは、使命が成果を収めることを表します。そこに種が宿るのは、死後、霊界に行ってから、または自分の来世、あるいは自分の子孫や未来の地球に成果を残していけること、大きな使命が継続し発展して、その連鎖の一つをしっかり行えたことを表します。

そのためにお祈りをし、自分の意思表示をしましょう。献身して自分の意思表示をすることは、宇宙に向けて重要で不可欠なことです。それによって自分の覚悟が定まり、セットされるからです。自分を理想に委ね、繋げていくと、育成され、機会が与えられるようになります。神様の促しで、自分を理解し感ずることができ、導かれていくようになります。

人が自分を正したり、自分を探し求めたりしたくなるのも、もともと人が神の子であり、一人ひとりにそれを願っている神の息吹が及ぶからこそです。人間はそのように思い、求めるように定められているのです。素直になって自分のほうからも神に向かうことで、積極的に導きや支援が働き始め、成果を上げるようになります。神との関わりで生きる人生にしていくためにも、我流ということではない、自分に真に合った祈りを行っていくことが重要です。

二、瞑想

二番目は瞑想です。

祈りによって神に働きかけ、意思表示をし、コミットするのが祈りだとすると、神からの働きかけを感じ、受け止めて自らに作用させることが瞑想です。命の本源をひたすら思い、感じ、同調し、融合一致させていく行為です。人と人とのコミュニケーションでも、話すことと相手の話を聞くこととのバランスが大事であるように、神と人との交流の場合も、形式的ではなく、自然に無理のない形で相互にエネルギーが交流すると、緊密に支え合った関係を創ることができます。

祈りによって神に話しかけ、働きかける一方、瞑想によって神の声を聞き、神の心を感じ受け止めます。その中で次第に神様と一つになっていくのです。神様を理解し、神様を感じさせていただく場が瞑想です。

瞑想によって神との大きな交流が成される中で、自ずと自分の意識が発達し、魂が浄化し、目覚め、大きく開かれてきます。奥深い自分に目覚め、次第にそのことを感じられるようになります。

神からの働きかけや促しが、自分を喚起させ、眠りから呼び覚ましていくわけです。また、意識が開かれ、魂が浄められるので、自己認識や理解が促されます。結局のところ、一人で考えたり追求したりしているだけでは、自分探しには限界があるのです。

もともと、自分探しの旅の究極の目標やゴールは、本当のふるさとである天、あるいは宇宙創造神の御許《みもと》に還らせていただき、神の家族の一員に列せられることです。単なる自分のための自分探しでは、本源と切り離された迷子の旅で終わりかねません。最初のうちはそれでもいいのですが、そこで終わらないように、本当の自分探しに自分を向けていくようにすることです。

自分探しを始めるきっかけは何であってもよいのですが、最終的に自分探しの命題は命の本源に還ることにあることに気づき、それを意識して目指していくことで、うまく機能し、喜びと平安が訪れます。現実にも、問題が解決したり、状況が整ってくるでしょう。

瞑想と関連のある事として、内観や回想、ビジュアリゼーションなども手立てとしてあります。その人その人が、その時点の自分の目的や位置、特質に合わせて行いましょう。

三、超作

三番目は、超作です。

人間は、物理的な体を持ってこの世で生きています。誰でも必ず、その時にするべき事や学び取るべき事が待ち受けているものです。何もする事がなかったり、する必要がなかったり、あるいは体調を崩してできなかったりという時でも、考えたり感じたり振り返ったりすることが、行うべき事として存在します。

さらに言えば、休むことも本務のうちです。体を動かして働いたり、勉強したり、頑張り続けることだけが、義務やするべき事なのではありません。それは、一日に七時間前後、眠りの時間が与えられていることでもわかります。

その時の状況や必要に応じて生き、その時に必要な事を行うことに徹して、無心になって行いそのものになりきること、それが超作です。

どんな技や芸や仕事も、行いの完成した形態は超作といえます。それは、瞑想の極致の三昧《さんまい》――サマーディと呼ばれている境地です。自分と対象とが一つになった状態であり、まさにONEといえます。そのようにして完成した技や芸は、人の目に神業のように見えます。人に感銘を与え、感激させる力を持っていますし、必要な知恵や勇気、力や思いやりが生じ、自分がどんな存在で、どうしたらよいのかもわかってくるでしょう。

自分だけの結果を求めない超作の境地でカルマが解消し、神仏とも一体となって浄化され、神仏がその人自身と状況の両方に働いていきます。その中で本人がレベルアップし、成長を遂げて、自己認識や深い理解が生じます。

また、超作で行うことはすべて、最も成果が上がり、自分が生かされ、周りに最大の成果をもたらします。最もいい影響が周りに及ぶようになるのです。

無我夢中で、開かれた自由な意識で物事に徹してみてください。その時に行うべき事を、他を思いやり、いつでも超作で行うのです。すると、行うほどにカルマが果たされ、成長を遂げ、周りを支え、自分が生かされて、役に立てるようになるので、周りからも喜ばれ、問題が解決し、機会を十分に生かすことができるようになります。人間の行いの理想やゴールが超作です。

「人事を尽くして天命を待つ」という言葉が、超作にほぼ相当します。その時にするべき事やするとよい事、できる事などを適切に行いきり、結果を天に委ねるのです。それによって得られる結果は、自分が創ったものであると同時に、神が与えて下さった最善の賜物であると捉え、感謝し、心から受け入れることです。それによって小さな自分を超えていくことができます。

四、霊的学習

四番目は、霊的学習です。

本書に書かれているような宇宙の法則や、人生に働いている法則、人生の意味や自己発見の意義、取り組み方、神と人との関係について学び、正しく理解し、現実や自分を見つめ直し、学ぶことが霊的学習です。ただし、これはただ学ぶだけでなく、学習して理解した事を現実に応用していくことが必要です。

ただ目的もなく自分探しをしていても、迷子になったり、雲をつかむような感じになったり、徒労に終わりかねません。堂々巡りも起きないとは限りません。自分や人間や人生、さらには神様や宇宙や生命のことを学んで理解しておく必要があります。それによって、自分がどういう存在で、人生でどんな取り組み方をしたらよいのかが見えてきます。そのために、最低限の霊的学習を行って、人間存在や霊やカルマや魂、霊的成長や神様のことについてしっかり知識を得ておきます。霊的方面においても、正しい知識と認識が大切なのです。

五、ジャーナル

五番目は、ジャーナルです。

ジャーナルとは、一言で言うと書き記すことです。つまり、筆まめになりなさい、ということです。書き癖をつけること、あるいは、メモ魔になると言ってもいいでしょう。

人間が動物から進化して、動物との違いが出たことの印《しるし》は何点かあります。四足歩行から立ち上がって二足歩行になったこと、それによって、前足が歩くことや木に掴《つか》まることから解放されて、指を動かせるようになり、火を熾《おこ》して調理ができるようになったこと、また、火を持って動物から自分たちを守れるようになったことなどです。

また、手の指をうまく細かく動かせるようになったことで、脳が発達し、言葉を持つようになり、神様とコミュニケーションができ、祈れるようになったことや、意識が発達し、肉体が滅びても魂と霊は滅びず、肉体から独立して存続し、霊界に行けるようになり、再生受肉できるようになったこともそうでしょう。

そして、言葉を話し操れるだけではなく、指にペンを持って書けるようになり、頭で記憶するだけではなく、書き留めて、それを学んで蓄積できるようになった点も大きいことです。意識が体から独立し、あるいは突出して発達したおかげで、今ここにあるもの、体験する事などを超えてイマジネーションが働き、今ここにないものを想像したり、過去を反省したり、未来を予感した上で現状に取り組めるようになり、現実の可能性を拡大していけるのです。これらが動物と人との違いです。人間の中に聖なる部分が宿り、神の子へと引き上げられていった過程でもあります。

人間の印の中でも、指にペンを持って巧みに動かし、文字を書き留め、記録に留めて、それを客観的に振り返って内省し学べるようになったことは、人間を大きく成長させました。それがジャーナルの意味です。自己探求や自己認識において、ジャーナルは最も強力な方法です。これをどれだけ駆使するかによって、自己探求がどの程度成果を上げられるかが決まってくると言っても過言ではありません。すでに見てきたように、人生で体験する事には意味があり、それは神からのメッセージであり、自分がどんな人間であるかを如実に物語っています。だからこそ、それらを書き留め、検討することが、自分を知る強力なツールになるのです。

人は、勉強する時、授業を受ける時に、ノートを開いて筆記します。ジャーナルは、このノートをはじめ、手帳、メモ帳、覚え書き、日記、さらにあとに述べる夢日記なども含まれます。最近はインターネット上にブログを行う人も増えましたが、これもジャーナルといえるでしょう。

さらには、主だった自分の体験や出来事を書き留めていく年表作成作業もジャーナルに含まれます。世間では自分史と呼ばれるものの作成がそれにあたります。偉大な功績を収め、認められるようになった人たちは、それまでの人生を回顧し、自叙伝を書き残しています。この行程は、誰にとっても役に立つ必要なことです。霊的成長、カルマ解消、問題解決、使命達成、自分探し、自己実現、社会貢献などのために有効です。

偉大な事を成し遂げた人があとで自叙伝を書いたというのは正しい見方ではありません。自叙伝を書くからこそ、偉大な事を成し遂げられるのです。普通に考えられている順序とは逆です。世間的に、華々しく注目されることが偉大なのではありません。むしろ一人ひとりが自分に向き合うことによって、自分にふさわしい輝きを放ち、人生が充実し、周りに良いものをもたらせることが偉大なのです。

それは、人とは比べられないことであり、世間の基準に必ずしも当てはまるものではありません。本当の意味で偉大な事ができるかどうかがポイントです。世間的には、ささや

です。かで地味で平凡な事でもいいのです。むしろ幸せは平凡の中に宿る、と言ってもよいほど

人は手の指を十分に動かして文字を操り、書き留め、思いを外にアウトプットして客観的に形にすることで、自己認識や理解がもたらされます。書き留めたものがそのための良い材料になります。その人にとって最良の自分用書物となるのです。これは究極にはアカシック・レコード、生命の書となっていきます。

本当に人生をていねいに大切に生きたいなら、有名ではなく、まだ認められないうちからジャーナルに取り組みましょう。これでフィードバックができます。書いては眺め、また思いついた事を書く。その傍《かたわ》ら、その時するべき事を誠実に行い、現実にきちんと対処していく。それを振り返って書き、さらに未来を展望し、思いついたり願った事を書いていきます。このように、人間は、ペンと紙を与えられたところに可能性が表れていきます。

このことは、出来事メッセージとの関連もあります。神からのメッセージである出来事をジャーナルに書き留め、記録として残すことで、人は真に学ぶことができます。人は経

験を通してしか成長しないといっても過言ではなく、自分の失敗や過失から人は最も多くを学びます。人生の苦しみや悲しみを通して魂が浄化され、成長を遂げますから、それを文字にし、読み返し、何度もくりかえすうちに、自分に課せられたものがなんであるかが、直接わかってくるでしょう。

地球学校は体験学習を最大の特徴としています。その現場主義の環境の中、ジャーナルを手にし、さまざまなことを書き留め、確認し、周りの人たちからフィードバックしていただきながら、書き留めた教訓を自分に言い聞かせて人生を生きていきます。地球学校で使用するノートがジャーナルなのです。起きた事から学習し、身に付けて着実に成長し、周りを良くし、縁ある方々と前に進めるようにジャーナルがあります。

現場主義といっても、体験だけで何も書かない、指を動かさないままだと、着実な成長や進歩が起きにくくなります。自分に合ったジャーナルを作り出して活用し、体験から得た教訓を身に付けていきましょう。

六、夢

六番目は夢です。

これは瞑想や内観とも深く関連しています。また、夢日記という形から、ジャーナルともリンクしています。瞑想や内観は座禅のように座って行ってもいいし、あるいはベッドやソファーにくつろいで、リラックスしながらでもいいでしょう。横になって行う人もいます。形はその時の自分に応じてしてみましょう。

「夢は、生理的な現象として、眠っている間にできる瞑想である」と定義付けられます。意図的に瞑想や座禅をしなくても、必要な時には、眠っている間に瞑想をさせられているのが人間です。眠っている間の自然な形での瞑想を夢と言います。

夢によって、奥深い意識である潜在意識、さらに超意識と接触し、必要なことを感じ取り、教えられます。そうして普段の自分を点検し、ジャーナルに自分の特徴や留意点や目標、課題などを書き留めていき、内観しながらジャーナルに取り組んでいきます。さらに、夢も書き留め、振り返って検討していくと、使命や学びに必要なことを広い範囲でカバーすることができます。

意識と体が起きている状態で自分を観察し、気づきや事実を筆記することや、あるいは内観しながら掴み取ったり感じたものを、報告のようにジャーナルでまとめていくことが基本ですが、それだけだと漏れ落ちる部分があったり、捉え違いで偏ったりしてしまいます。これは、その人の傾向や癖、捉え方などから生じる盲点や弱点があるからです。

それに対して、眠っている状態は、顕在意識の癖や抑圧が停止しているので、潜在意識、さらにその奥の超意識が働き、本人が普通の意識で自己認識や自己理解に取り組んでいる時は、偏って漏らしていたり、あるいは浅いレベルで終わっていたりする部分について、深い気づきをもたらし、修正してくれます。

深いレベルで自分を認識し理解したいのであれば、出来事を通して神からのメッセージを学び、ジャーナルに書き留めながら人生を生きることと併行して、毎晩の夢にも着目し、夢から大切なものを汲み上げ、夢を感じ取ってそれをジャーナルに補強し、潜在意識が教えてくれる奥深い大事なところも取り込んでいくことが大切です。自分探しの旅が正しく着実に成されていくようになります。

人は、悪気なく、真面目に取り組んでいるつもりでも、うっかりしてしまったり、自分の中の恐れやごまかしや弱点がささやく声を優先してしまい、大切なことが抜け落ちたり、嫌なことを伏せていこうとしたりしがちです。夜眠っている間は、夢の働きがそのような欠陥をカバーしてくれます。夢に着目し、夢を書き留めていくことは、またとない自分探しの材料になってくれることでしょう。奥深い自分に聞き、それを参考にし、導かれていくのです。

七、リーディング

七番目は、リーディングです。

自分を認識し理解する上で、ものの道理に通達し、ほかの人のこともキャッチでき、他者に神のお心を伝えるお役を与えられた人間が、何人か現れています。リーディングという名称で呼ばれていなくても、その役目を担った人々が、遥か昔から世界の至る所に存在していました。それは賢者であったり、指導者であったり、族長やなにかの長《おさ》であったり、現代においては、カウンセラー、顧問、監督、コーチ、トレーナー、相談役であったり、時には霊能者や占い師であったりします。

世間一般では、霊能者や祈祷師《きとうし》や占い師などは、軽蔑されていたり、あまりいい目で見られていない場合が多いのですが、それは一種の偏見です。人間の真の価値とは、必ずしも職種や社会的地位によるものではなく、その人そのものが実質上どんな意識を持ち、実際にどんな働きをしているかということでしか計れないことです。

世間で公認されている、臨床心理士やカウンセラー、弁護士や精神科医などでも、内実はそれほど立派でもない人たちがいるかもしれません。一方で、世間であまりイメージ的にはよくない占い師や霊能者、宗教者、あるいはチャネラーなどでも、現在のポジションや行いや外見によらず、素晴らしい働きをして人を実際にサポートしている方々がいます。

受ける人が相手の職種、形態、うわさだけで判断せず、偏見を取り払い、虚心坦懐《きょしんたんかい》な目で誠実に見ていけば、誰が本当に世のためになっているかがわかってくるはずです。人は外見から見えてくることもありますが、風采《ふうさい》や肩書だけがすべてを語るのでもありません。一見、貧相で貧乏そうでありながら、陰で占いや人生相談をしている人の中には、まるで神の遣いのような人がいます。温かく、鋭く、相手を思いやって、ためになることをしている人たちです。ここを見抜く必要があります。

また、受ける側が、縁や霊的系統、自分の目的や必要性を考慮に入れることも重要です。世間でどんな評価を受けているかということより、自分にとって縁があり、自分に必要な事を教えてくれる人物はどの人なのか、という観点で相手を探し求めるべきです。

それぞれのリーダーやチャネラー、カウンセラーや催眠療法家を鑑定し、識別するために点数をつけることが大事なのではなく、自分に縁があり、必要でためになる事を言ってくれる、明かして導いてくれる人はだれなのか、という観点で見ていってください。きちんと自分の心構えを作り、自分の動機を浄めて認識し、自分の態勢をいい形で作り、祈りながら探し求めれば、必ず天のお計らいで、一番いい形でサポートしてくださる方に行き着けるものです。

その他、退行催眠、セミナー、ワークショップなどの機会もあるでしょう。聖地への巡礼や巡拝、先祖の墓参りもあります。思い出の場所を訪れるのもいいかもしれません。詳細は次章で紹介しています。また、聖書の中では、ヨハネの黙示録が自分探しの旅のテーマに関連していることもつけ加えておきます。

自分探しの旅は、基本的に一人ですることです。しかし、だからといって、他を排除して、誰にも頼らず関わらず自分だけで取り組まなければならないことではありません。冒頭で、方法論的に神との関わりにおいて取り組むことを述べました。そして方法論の最後のところでは、ほかの人との関わりの中で、自己認識や自己発見が補強されることを述べました。

目的のためになる事ならば、どんなことでも利用するべきです。そのためにさまざまな手立てや人物があなたの前に現れているからです。存在することや行われていることに意味があるのですから、それぞれの役目を道具と見なし、有効活用すればいいのです。それが依存になるかどうかは、本人の道具の捉え方と関わり方次第です。本人が主体的に自分の責任で適切に関われれば、そのすべてが生かされますし、自分だけで探求しているよりもさらに多くのものを得ることができます。神は、そのような手立てを通して、必要な事を求めている人に与えられるからです。

自分だけではわからず、遠回りしなければならないことでも、それらを上手に活用することで、着実に、そして効率的に前に進んで行けるようになります。そして実は、そのように他者を通して語られ、明かされ、導かれるということも、神のお導きの一環として起きてくる「出来事メッセージ」なのです。もっと広げれば、リーディングやカウンセリングをはじめ、周りの身近な人の口を通しても、大事な事に気づかせられることが起きます。たとえば、自分にとって図星と思える事や参考になる事が、周りの人の口をついて出てくるということも「出来事メッセージ」の一部です。状況や事件だけが出来事メッセージなのではありません。本人さえその気になれば、自分の周りにあるあらゆる出来事が神からのメッセージとしてやって来て、自分探しが進展し、また修正されます。本人さえ真摯《しんし》で、正しい取り組みになっていれば、自分の中で勘違いしていても、また間違った行い方をしていても、外から気づかせられ、修正が入るのです。すべては本人次第です。どんなメッセージを受け取るのかは、自分に責任があるということです。

メッセージは出来事を通しての場合もあれば、リーディングを受けて知らされることもあるでしょう。また夢や瞑想で知らされることもあるでしょう。自分の中にフッと湧く時も、散歩をしていたり、お風呂に浸かっていたり、眠る前リラックスしているなどの時に浮かぶこともあるでしょう。

リーディングは人が気づくためにこの世に与えられた典型的な機会です。それとうまく付き合い、運用しましょう。

夢は、セルフリーディングです。人は夜、夢を見ている時、自分で自分のリーディングを取っているのです。その上で、実際のリーディングやそれに準ずる手立てを用いれば、自分の弱点や歪みが大きく補強され正され、自分探しも進展していくことになります。

第9章

自分探しの旅へのナビゲーション

自分探しの旅は、自己認識と自己発見と自己実現を目指しています。それは、自分が成長しながら自分を回復させる道です。このような自己成長と回復への思いは、人間の持つ重要な本能の一部となっています。そして、それらにはレベルや度合いがあり、だんだん進展していくものです。

また、自分を見出し、取り戻すだけではなく、そのようにして自己認識し把握した自分を、他者のために活用していくこと、自己活用しながら社会貢献していくことが、自分探しの旅では必要になってきます。

自分を見出すプロセスとは、自分を育て、さらに人を育てることでもあります。自己改善され、自分が形成され、調整がついてくるというように、自分を探す旅を続ける中で、自分が徐々に整い、その態勢が作られてきます。

自分こそが一番の資産です。これが生きる上での基本となります。自分を知って活かすことへ向けて取り組み、自分を癒して、修復していくのです。時には自分を磨き、必要なスキルを身につけましょう。その一方で、人生設計を立て、タイムテーブルに従って取り組みましょう。

さて、自分探しの旅において有効で、参考となる手立てや手法を、ここで改めて見ていくことにしましょう。

リーディング

まず、リーディングです。自分を探す旅において、「自分とは一体何者なのだろうか」「どうして自分はこうなのだろうか」という問いかけが自分の中にあるなら、この方面に役立つツールや機会として、リーディングがあります。また、チャネリングという方法もあります。それを行う人々は普通の人たちが知り得ないことがわかるスペシャリストなので、自己認識の可能性を大きく拡げてくれます。

一般的なところでは、カウンセリングや種々の心理療法、または、体を立て直したり、治療をしたり、体のために働きかけてくれるボディーワークもあります。これらとうまく付き合い、自分探しの旅のために活用すると、自分だけで自己探求に取り組んでいるよりも余程効果が上がります。

また、自分探しの旅を同様に目指している他の人たちと連絡を取り合い、情報交換し合ったり、心を分かち合ったりすることでも、励みになったり、参考になるものが得られたり、偏りが正されたり、限界が打破されたり、ほかの人の自分探しの旅をサポートしてあげることもできます。学校で言うクラスメイトに相当します。

自分探しの旅に一人ぼっちで取り組むよりも、この事に理解と関心と必要性をいだく人たち、特にご縁があって、方向や理想や目標が同じ人たちとともに取り組むことは、ためになります。時には、このような事の先生や指導者、また良心的に相談に乗ってくださる方がいると、さらに役に立つことでしょう。

夢

次は夢です。夢は潜在意識で見ます。夢は一般に「見る」といわれますが、実際は、夜の間に体験者として夢を生きているのです。それだけ身に迫るものが、夢にはあり、影響が確かに及びます。そこには、日常の体験学習に近いものがあります。

また夢は、潜在意識の働きばかりではなく、超意識からのメッセージにもなっています。夜に夢を見ている間、誰でもセルフリーディングを行っているのです。

その事に気づいて、積極的に夢日記を付けましょう。これは、自分にとって最良のデータバンクとなります。自分を知り、自分を感じ、自分を見出すための参考資料となってくれることでしょう。夢日記をつける時、文字で書くばかりではなく、絵やスケッチなどを残すと、さらに複合的、立体的に作用し、生きて役に立つようになります。

自分の夢の特徴とパターンを認識しましょう。これは、自分の夢の癖とでも言ってよいものです。また、夢を後で分析するだけでなく、夢を見ている最中にしっかりと体験し、実感し、通り抜けましょう。そうすることで夢の目的も遂げられ、魂が浄化されたり、場合によっては夢を通して育成されたり導かれていきます。必要があってその夢を見て、体験させられているからです。こういった機構が人には備わっています。

繰り返し見る夢は、特に注目されるべきです。自分に必要な事、気づくべき事、修正するべき事などが繰り返し告げられている場合が多いからです。あるいは、何回も見させることで、少しずつ過去からのネガティブなエネルギーを浄化し、消化しつつあるプロセスをたどっている場合も多くあります。それだけその出来事は根が深いことを示していきます。

ジャーナル

次は、ジャーナルです。これまで述べてきたように、人生は、「地球学校」であり、特徴は体験学習です。カルマを生きた教材として、出来事メッセージが届けられます。これを通して、体験学習が神の許で行われていく方式です。

起きてくる事は、自分が誰なのか、何をしてきた人間なのか、本当の人生の目的は何かを示唆しています。ただ出来事が起きたというのではなく、自分には何が必要で、どうしなければならないのか、自分の役目は何なのか。そのことが、出来事によって示されています。将来待ち受けている自分の使命も予見されます。

なぜなら、出来事を通して人は次の段階に備え、導かれ、また試されつつあるからです。出来事によって自分を探し、見出し、取り戻していく事に日々取り組むのが本道です。ジャーナルを駆使することで、地球学校での学びに本格的に取り組めます。地球学校でのノートがジャーナルです。出来事を記し、綿密に検討していくことで、地球学校での学びを効率的に行うことができますし、地球学校での優等生になれるでしょう。

現在起きつつあり、取り組んでいる事を記し、これから取り組みたい事や、取り組むであろう事も記しましょう。過去の主だった体験も記していくと効果的です。

特に、これまでの人生を振り返って、数十年間に体験したもののうち、ベストテンとワーストテンを書くことです。そこには自分が良くも悪くも顕著に表れてきます。繰り返すパターンは偶然ではなく、自分がどんな人間で、どんな良さや役目があり、どんな課題や直すべき点があるか、自分のカルマや可能性を表しています。

体験とともに、ジャーナルには自分の行動も書き留めます。その人の行動する事は、その人の自らの思いを表しているものですから、口でしゃべる事より、如実にその人を物語っています。その人の本性や役目や必要性、気持ちを、何よりも行動が語っているのです。

出来事に対するその人の対応の仕方に、良くも悪くも本質が表れます。何か物事が生じた時、それの捉え方と対応の仕方にその人が表れるということです。そのことに注意して見直してみるとよいでしょう。

また、外なる物理的な出来事とともに、自分の内側に来るメッセージにも着目しましょう。内なる思いや感情や意志の動きや気づきのことです。これらも見落とさず、ジャーナルに書き留めていきます。

霊界に行けば、存在するのは心と魂と霊だけです。肉体は携えていけません。霊的な体はあの世でもありますが、大まかには、あの世に行くのは心だと考えてください。それゆえに、今生きているうちに自分の心をよく見つめ、感じ、受け止め、対応し整えていってあげることに気長に取り組んでいきましょう。

さらに、年表用のジャーナルも用意し、これまでの半生涯の経緯を書いていくことで、自分がどんな人間かが見えてきます。書くことで客観化され、それを編集したり、操作したりすることで、活用できるような材料になりえるからです。この年表は、一般には「自分史」と呼ばれているものです。

ジャーナルをつけるものは、ノート、手帳、メモ帳などですが、特に決まったものはありません。書くことで癒しや気づき、調整がなされていきます。

書くことは自己表現にもなり、時には、高次の意識が書かせたり、別の高次の存在や、神ご自身が自分の手を通して、あるいは思いを通して書かせられることもあります。これは自動書記と言われているものです。ジャーナルにおいて、このような事も起きる可能性があります。

書く作業の一方で、人との対話とエネルギー交流も有効です。互いに話したり聞いたり、意見交換をしましょう。そこでカルマが解消し、エネルギーが浄化、調整され、気づきも得て次の段階にシフトしていけます。先ほど述べた夢も、朝食時などに家族とその情報を分かち合うのは良いことです。本人も楽になるばかりではなく、互いに深いレベルで感じ合い、わかり合えるようになるからです。

ライフシール

自分探しの旅として有効な手法に、ライフシールというものがあります。これは、リーディングの中で尋ねると与えられるものです。

ライフシールとは、一口で言うと個人用の曼陀羅です。自分だけのための曼陀羅で、オーダーメードの服のようなものです。その人を、言葉というよりイメージでヴィジュアル的に表示したものです。ライフシールにはその人を表す言葉のメッセージも簡潔に織り込まれていますが、全体としては主にシンボルでその人を描写しています。

自分だけで自分探しの旅に取り組むのではなく、参考となる有効な手法がいくつかあるということを知ってください。そして自分のニーズやタイプ、段階に応じてそれぞれとうまく関わり、存分に活用していくことです。

占星術／心理テスト

古今東西、さまざまな占いの手法があります。これは、人間を診断する伝承された古代人の智恵とも呼ぶべきものです。占いには、ピンからキリまであり、かなり的確で参考になるものから、迷信に近いものまであります。また、自分と合うもの、合わないものというのもありますので、目的に合わせて付き合っていきましょう。

本来の占星術は、輪廻転生とカルマが考慮に入れられていましたし、惑星との関わりで人が生まれ変わり、惑星からの影響が体の内分泌腺やチャクラに表れるということも知られていました。宇宙には地球上の人間だけでなく、それと同等かそれ以上に進化した生命体が存在しているのでしょう。

人間は宇宙的存在です。ヘルメス学においても、人間を小宇宙（ミクロコスモス）とし、マクロコスモスと対応していることが説かれています。そのため、自分を発見することはそのまま宇宙を認識し、宇宙神と一つになることであると見なされていた程です。

同種のものに心理テストがあります。これにもいくつか種類があり、科学としての現代心理学に基づいた心理テストばかりではなく、もっとわかりやすくて楽しい、フレキシブルなものもあります。

どちらも、自分自身で自分の心や行動パターンを見ていくことですから、もちろんためになります。自分が惹かれる事と嫌悪する事、自分の中のこだわりなどを見つめていき、さらに書き留めていくようにするとより効果的です。

得意な事、能力や才能や適性、特技などを知るきっかけになり、自分の性格上の特徴、長所や短所や弱点もわかるでしょう。人生と運命の特徴が端的にわかりますから、自分で理解する範囲で書いていくといいでしょう。自分に正直になって、自分を見つめ、感じるようにすることです。

「現実的に自分がどうなのか」ということばかりではなく、「主観的に自分が自分をどう捉え、感じているのか」ということにも真理の一端が出ています。ですから、「客観的にその人はどうなのか」ということだけが大事なのではなく、「自分がそう感じざるを得ない、自動的にそう捉えてしまう」という所にも意味があります。人間を扱う場合、客観的な事実だけが重要なのではありません。

特に、自分の心を見ていく場合は、感情の特に際立った部分を見ていくようにします。特定の事や人に対する恐怖、あるいは、強く感じたり、あこがれたりする反応などです。自分の生活上の趣味や、課題などについて注意し、書き留めましょう。

自己分析

自己分析は、自分で自分を客観的に観察し調査することです。内面だけでなく、写真、ビデオなどで自分を見ることも参考になります。あるいは、鏡に自分を映して、自分を鏡でじっくりと見つめ、感じ、瞑想してみるのも役立つ時があります。

自己分析という場合、人間は体と心と霊との三つから成り立っていることを知っているかどうかが鍵になります。自己分析とは、正確には、体の次元、心の次元、霊の次元と大きく三つに分けられ、このそれぞれに対して行われるべきことです。

体の次元の自己分析としては、体質、体型、病気にかかりやすい部分などに着目します。霊の次元は、自分の本質に関わる部分を見ます。心の次元は、自分の性格や性質、傾向、特に感情に表れる部分を見ていくことになります。

人間の意識は、この三層をなしてそれぞれ対応しています。体の意識が顕在意識、心の意識が潜在意識、霊の意識が超意識です。自分を観察する場合、この顕在意識、潜在意識、超意識のそれぞれを見ていかなくてはなりません。

顕在意識は表面の自覚できる意識であり、一般にペルソナとも呼ばれる建前の部分、潜在意識は本音であり、超意識は内なる良心の部分です。超意識は、内なる神とも、ハイヤーセルフ、キリスト意識、超自我、アートマン、真我などとも呼ばれることがあります。自分探しの旅は、超意識を己の内に見出し、それと一つになること、さらには宇宙創造神とも一つとなることに行き着く道のりです。アートマンの発見と顕現とも言えます。

自己分析として、体と心と霊を自分で見つめるとともに、自分の環境、立場、状況なども観察し、考慮していきます。さらに、自己分析の延長として、自分の人間関係も考察し、検討していきましょう。書くときには、職歴、広くはこれまでの経歴なども併せて書いていきます。

世間では、自分を認識したり、自分を他に示す場合、履歴書を作るのが典型的です。これは、社会的に自分を提示するためのごく一般的な方法です。

これに倣って、自分探しの旅においては、心の履歴書を書くのです。ただしこれは、他に提出するものではなく、自分のために作るものです。自分を形成し、整え、癒し、他に役立って素晴らしい人生を歩めるための手立てになります。自分のさまざまな面、パターン、思い、実感、内面性などを、自己分析を通して認識しながら書いていきましょう。

退行催眠

退行催眠という手法があります。これも受けると役立つことがあります。また、同種のことに自律訓練法もあります。人によっては、肉体的療法を受けることが必要になる場合もありますし、精神療法を受けることが必要で、役立つこともあります。啓発をもたらす種々のセミナーが必要になる場合もあるでしょう。

自分を見つめようとするとき、幼少期のセルフイメージはとても重要です。子どもの頃なりたかった職業、自分の性格の素地、幼い時の自分のあり方などを鮮明に思い出し、実感することで、今がより鮮明になります。

「自分はもともとどういう人間で、どうしたかったのか」ということを、改めて自分自身に聞いてみるのです。その通りになる必要はないかもしれませんが、まず幼い時の事を思い起こし、幼い頃の自分に聞いてあげると、そこから何かが得られ、始まる場合がありま す。

このような幼少期のセルフイメージや性格の素地は、生まれ変わってくる前の霊界での過ごし方やあり方、さらに直前の前世の際の自分の状態を反映している場合が多くなっています。そこから今世が始まり、いろいろな事が加算されてきていますから、それらを踏まえ、これからはどうしたらよいのか、またどうしたいのかを見ていくのです。

時に、退行が前世にまで及ぶこともあります。前世療法はその方法といえます。

瞑想／内観／自由連想法

瞑想や内観も、自分を探す旅において有効です。瞑想や内観にはさまざまなやり方があります。各自の目的や特性、レベルに応じて行ってください。誘導瞑想や、一人でリラックスして過去を回想することも役立ちます。

人によっては、自由連想法もためになります。想像とイマジネーションを活かし、自分を蘇生させ、リフレッシュさせましょう。

くつろいで、自分に正直に、素直になると、そこから自分を取り戻し、本当の自分になる道が開かれていきます。自分を知るばかりではなく、自分を感じ、自分を受け止めてあげることは、人間にとってどれほど大切かわかりません。

そのプロセスにおいて、自分のさまざまな側面に出会い、自分を再発見する機会となります。この行程を一通り経ると、自分が次第に浄化、成長し、安定し、余裕が出てきて、自分らしさがいい感じで表れ出てきます。自分が収まり、整って、態勢ができます。

これを進めていくと、インナーガイダンスを聞き、それを参考にすることができるようになります。内なる真の自己の発見と出会いこそ、内なる旅の最大の収穫です。

祈り

神を信じて、自分を委ねきる祈りを行うのもいいでしょう。自分が願ったり、取り組んでいる事をもすべて委ねきります。あるいは、家族や仕事を神様に委ね、生かされて生きる人生とするのです。自分も家族も、誰もが、根源神によって誕生させられ、導き育てられていること、いずれその命の根源に帰還するであろうことが確認できるようになります。

親鸞は、「絶対他力」を説き勧めました。これは純粋な徹底した信仰であり、信仰の極致です。全託することで、神と一つなる状態、すなわちＯＮＥが自分の中で実現してきます。

祈りの中で、本当の自分を見出し、あるいは取り戻して、成長を遂げていけるでしょう。

自分とのブレがなくなり、ずれが正されていきます。まさに自分になるのです。自分を本当の意味で愛し、大切にすることで、自己回復への道を歩んでいくことが眼目です。

超作

超作は、行う対象と自分とが一つになっている状態です。これは利己的な小さな自分を脱した神の行いなので、自分の人間としての行いを超え、全体を支える働きです。使命を超作で行うこと、あるいは、するべき事や仕事を超作で行うことで、すべての営みが使命化されていき、これが本源へと還る道を歩ませることに繋がっていきます。自分だけを守ろうとする行為ではないので、カルマにはならない動きです。

使命を、「自分の使命」とばかり捉えすぎないようにしましょう。使命は、他者との関わりにおける共同作品であり、一グループや一企業さえ越え、競合する所ともどこかで協力し、分担し合って、地球全体でなされていくべきものです。

そのようにグローバルな捉え方をすることが、宇宙創造神のお心に適う考え方です。この考え方によって、使命がいい形で行われていけるようになります。

自分探しの方法が適切であれば、使命を生きることで自分を取り戻し、自分を見出すことができるでしょう。その歩みの中で、カルマが自ずと解消し、成長を遂げ、浄められていきます。

自分の成長や目覚め、幸せや保障や救いを目指すばかりではなく、社会貢献を行うようにしましょう。天の故郷《ふるさと》に還ることばかりを急ぎ願うのではなく、この世を住みやすく良い所にするために、精一杯人生を生きていきましょう。使命を通して社会貢献し、この世に神の国の実現を図る一助となっていくのです。それによって、自然と自分の仕事も、家庭も成り立っていくようになり、人は生まれてきた目的を遂げることができます。それが神に還る道でもあります。このとき、互いの心の中にある理想を大切にしていくことが重要です。理想とは、菩薩の誓願、本願に相当します。

また、使命は天職ともいえます。人は天職を行っている時こそ、本来の居場所にいるといえます。転職を得ることで、天という最終的な自分の居場所に向かっていくことができます。

天職を得ることができたなら、ほかの人も各々の居場所に向かっていけるように配慮し、サポートしてあげましょう。それぞれの人にするべき事があり、その実現には時間がかかることがあることを考慮し、信じて、待ってあげる気持ちを持つのです。相手によっては、付いて見てあげることも必要でしょう。

今している事が、そのまま来世作りにもなっています。今まさに、来世に備えつつあるということです。来世のためだけに今を生きているのではありませんが、今を充実して良く生きることが、来世をより良いものにする鍵です。

霊的学習

自分探しの旅において、霊的学習は必須のことと位置づけていいでしょう。宇宙の法則とカルマ、人生の法則、神とは何か、ＯＮＥの真実や素晴らしさ、神の御心を知り、感じ、受け止めること。これらが、霊的学習によって、正しく健全に行われるようになるからです。

自分探しの旅は、基本的には各自が取り組むことですが、自分だけではどうしても見えない部分があります。そのため、良かれと思って取り組んでいても、自分の癖が出てしまい、大切なことを取り落としたり、真実から逸《そ》れたりすることが出てきます。そのためにも、時々アドバイスをもらうようにしましょう。参考になったり、修正されたりすることがあるはずです。これまで人から言われてきたことも思い出してみるといいでしょう。

人はいつも適切なことを言ってくるわけではありませんが、言葉の中に何かしら参考になることが含まれているものです。また、人の言葉に耳を傾けることで、相手の気持ちがわかるようになります。

影響されすぎて振り回されたり、言われたことにいつまでもこだわったり傷ついたりする必要はありませんが、人から学ぶ事は大いにあります。出来事メッセージという神からの語りかけは、意見してくれる人の口や態度を通してもやってきます。

「自分がどうしたいのか、どうなりたいのか」ということを認識するのは大切なことですが、同時に、「自分は、人からはどう見られ、何を期待されてきたのか」ということにも真実が隠されている場合があります。

自分を大切にし、自分の夢を追求しながら、人の意見にも目を止め、柔軟で開かれた態度と姿勢で、自分探しの旅を明るく素直に進めていくのです。

自分への真の愛が基本にある上で、他を理解し、感じ、配慮することが必要です。これらによって、自分探しの旅が健全に行われ、良い結果をもたらしていきます。自分の特性を知って活かすことのためにこそ、自分探しの旅があります。

「自分」と一言で言っても、それは奥深く、さまざまな面を宿しています。この機会に自分の全貌《ぜんぼう》と出会い、それを明らかにして、癒し、活かされる方向に進んでいきましょう。

自分を検討し、調べていくことは、人間ドックに入るようなものです。通常の人間ドックは、体の病気を検査するために使いますが、自分探しの旅においては、病気だけでなく体を全般的に見て、心や魂、霊の次元の自分をも検査する、トータルでホリスティックな人間ドックになります。総合的な自己診断と自己改善、そして自己活用の道を探っていくのです。

自分の病気な所やなりやすい所、自分の体質、気質、性格などを調べて確認しますが、性格は、先天的なものと後天的なものとの両方で見ます。今も流動体として形成途上であることも考えて、発展的に自分と付き合い、折り合う部分を見つけていくことです。誰でもまだ途中経過であると、その視点から自分も他の人も見ていきます。

自分の個性、自分の外的パターン、内的パターンを知ることで、上手に自分と付き合い、活かされ、気持ち良く歩んでいけるようになるでしょう。自分が無理なく正され、より良い形で他者のために運用されることを心がけます。自分の癖を知ることも同様です。それが自分らしく表れ、発揮されるようにするのです。

自分の容姿容貌を知って、体の特徴や徴《しるし》がそこに出ていることを読み取ることも有用です。そして、自分を全面的に受け入れて労り、愛する時は、同時にほかの人にも同じように配慮し、関わっていきます。

人間や食物、洋服、その他、さまざまな事に対する自分の好き嫌いの反応や傾向を知ることで、自分特有の態度や、その基にある価値観や捉え方やパターンも知ることができます。無意識のうちにどのように振る舞い、どんな波動を発しているか、それがどんな影響を周りに及ぼし、自分に返ってきているかを知るのです。知って受け入れ、調整し、より良い方に向けていきます。

自分の悩みや気がかり、望みや願い、目標などを知って書いてみるといいでしょう。書くと客観化されるので、それを見ることでさまざまな気づきが得られますし、運用の道もその中から見えてきます。書いたものが語りかけ、教えてくれるようになります。

悩みを自分だけで抱え込んで、気がかりなままにしておかないことです。人に相談し、打ち明け、聞いてもらい、また、ほかの人のことも聞いてあげ、受け止めてあげましょう。「お互い様」で進んでいくのです。自分の持っているものを、有形無形を問わず調べ、自覚し、活かす方向に向けていきましょう。

自分の心の内なる反応、それは普段、無意識に行われていることですが、その反応を観察しようとすることも、学びに繋がります。そして、適切に問いかけて、自問自答してみることで、自分と他との違いに着目し、自分の性格や行動パターンを学び、自分の独自性や特徴、変わった所、好む傾向などを知るのです。

その志向の原因には、わかる事とわからない事があるはずです。なぜそのようになっているのか、理由を考察していけば、次第にその由縁が明らかになってきます。理解にも時期やタイミングがあります。

すぐにわからない事はしばらく寝かせておき、今わかる事やできる事から手がけるのです。今わかる事、できる事に意味があるからです。焦らず、順序立てて、手の届くところから手がけていきます。

自分探しの旅が個人的なもので閉塞的に陥らないように、エゴやわがままに陥らないように気をつけ、個人性と社会性の双方を大切にし、バランスを取ることを心がけます。社会性の観点を失わずに進めば、個人性と社会性を合わせ、ＯＮＥになれます。自分にも人にも優しく接し、大きな自分探しの旅を、朗らかに無理なく歩んでいくことができるのです。

利他的な心を持ち、成長を心がけ、現実と理想をうまくマッチさせ、現状に立って歩み続けましょう。自分のかけがえのなさと、他との共通性、普遍性、この両方を大切にして、バランスと調和を保つのです。内と外の調和と統合を目指すことで、自分探しの旅は大きな実りをもたらしてくれます。

学びは、絵を描き、話し、歌い、自分をダイナミックに表現していく中でも得られます。時には新しい自分を発見でき、外に向けて表現することで自分を取り戻したり、調整できてくるようになります。自分が実現するのです。本来のなるべき自分に発展し向かっていけます。

途中で、多少の不手際や間違いがあっても、あきらめたり全面否定したりせず、その誤りに気づいて、現状を基にこれからどうするべきかを検討し、前向きに誠実に取り組んでいけばいいのです。

自分が楽になるようにしていきましょう。自分を知っただけでも、ある程度楽になる面があります。力をゆるめて、自分を取り戻し、単なるわがままや自分の思い通りにするというエゴを超えた、あるがままの自分のなるべき姿に近づいていく事に努めます。

そのためにいちばん簡単な方法は、いつでも自分のするべき事を一所懸命に行うということでしょう。自分にできる事を行い、自分の出すべきものを出し、機会や状況を活かすこと。前述した使命を行うということです。自分が持っている最良のものを他に与え、人の役に立っていくことで自分が輝きます。現状の中で自分の能力や才能や知識や魅力を使って、他のためになること。それが使命であり、神に還っていく道です。

前世

自分探しの旅においては、前世というものも出てくることがあります。前世は、今世の基盤となるもので、自分の根っこに相当する部分です。前世を自己認識の旅で扱うことで、自己認識を広げ、また深めることになります。本当の自分を発見し、自分に出会う機会となるのです。

前世とは、今の自分と別の特殊なものではなく、自分の基であり、自分の原因、ルーツです。自分の奥深い部分、それが前世として捉えられます。

人間関係のパターンや特徴から前世を推し量っていくことができます。父、母、祖父、祖母、兄弟姉妹、学校の先生、友人、クラスメイト、先輩、後輩、配偶者、息子、娘、習い事の先生、仲間、会社の上司、同僚、部下。これらの人たちと自分との関係と、そのパターンや特徴、課題と可能性を考察します。

このとき、グループソウルがあることを知っておきましょう。日本語では「縁」といわれます。このグループソウルの核をなすのがソウルメイトであり、ソウルコンパニオンです。自分の片割れであるツインソウルもそうです。これらの人々は、今、自分の周囲にいるとは限りませんが、宇宙のどこかに存在しています。必要なときに出会うことになります。もちろん、すでに出会っていることもあります。

前世の観点からの自分探しは、本シリーズの第三巻で扱うことになります。

自分を知る

環境についても調べていきます。自分と土地という分野の関わりを考えることはとても有意義なことです。これまでに自分が住んだり、職場があった土地などについて調べます。あるいは旅行先や滞在先で、深く印象に残った所などもその中に含めます。土地に対しての郷愁、愛着、不快感、嫌悪感、恐怖など、何かしらの感情が湧くところには、必ず自分との関わりがあります。

土地との縁を確認し、土地がらみの出来事にどんな意味や理由があったかを考えます。土地の思い出を書き止め、瞑想してみます。必要なら、ジャーナルにそのことを書いておきます。

　自分の故郷、地上における今世の故郷は自分の原点です。それを基盤として、これまで住んだ場所や関わった土地も見ていくのです。また、自分が通った学校と、その時の思い出も検討し、学校を卒業してからの会社、あるいはバイト先なども検討していきます。それらの所で何があったか、その時どう思い、反応し、対応したかも改めて考えるのです。

　これまで生きてきた中での状況や機会、自分に与えられた役目、立場、義務などから、自分にかけられた期待、自分の中にあった願望、自分の持つ特性や能力、才能、社会的資格、自分が就《つ》いてきた仕事までを検討することで、自分が浮き彫りになり、自分を把握できるようになります。迷ったり、失敗したりした人生の転換期には特に、自分を検討し直したり、修復することが大事です。

自分探しの旅の一環として、実際に旅行もしてみましょう。それが癒しの旅になったり、自己に出会い直す自己発見の旅にもなります。これまでに行ってきた旅行にももちろん意味がありました。それらを振り返ってみてもいいでしょう。

国内海外を問わず、実際に旅行をし、調査し、必要に応じて、博物館、美術館、図書館、遊園地などにも足を運んでみるといいでしょう。自然の散策やキャンプもこれに繋がります。さらに、旅の一環として、読書をし、資料の収集をします。その土地についてより深く知るためです。

神社仏閣や教会にお参りに行ったり、訪れることは、霊的にも示唆に富んだことです。ある神社でおみくじを引いたりすることで、神様からのお知らせがそのおみくじを通して頂ける事があります。参籠、巡礼、プチ修行、クエストなどに挑んでみても良いかもしれません。

出来事メッセージとして、ゆかりある所で起きた事や、人と出会うという事も一つの徴であり、メッセージです。全部をメッセージとして取る必要はありませんが、人は多くのことを見落としている場合があるのは確かです。

自分の信仰とのご縁や、自分の霊的な特徴や霊的なルーツ、霊的、宗教的、スピリチュアルな課題や自分の役目、特質なども検討すると、新しい気づきがあるでしょう。
サイコメトリーという、人や土地や物にまつわる記憶や波動を感じる方法もあります、調度品や物品などにも心や念があり、人に働きかけているので、思わぬところに自分との繋がりがあったりします。それらにも目を止めていくことです。

また、学校時代の同窓会に出席してもよいでしょう。旧い友人との再会の中で新しい自分に出会い直すことができ、過去を修復することもできます。自分が過去にずっととどまっている場合がありますから、人と出会い直すと、かつての事を固定化して捉え続けていたり、自分が想い違えていたことに気づかされるのです。糸がほぐれるように癒され、お互いに解放されます。

これまでの写真や取っておいてある物を整理し、振り返って見てみるのもよい事です。自分が何を持っていて、集めてきたかということにも自分が表れています。子ども時代のこととあわせて、これまで自分が収集したり、こだわったり、愛着のあったもの、あるいは、それを失う時の恐れ、実際に失った時の悲しみなども、忘れずに書き留め、自分を癒し、回復させていきます。自分の興味や趣味、愛読書や収集物などに目を止めていくということですが、可能ならば、今からでも再収集することが役立つ場合もあります。

自分がつらくなって落ち込んだ時は、必ず手を打ってあげるべきです。無理はいつまでも続きません。ほかの人が苦しんで落ち込んでいる時も、極力、支えになっていくことです。

趣味や使命への準備、霊的向上などに関わるサークルに参加して自分を発見したり、自分に出会い直したりすることが、有益なこともあります。これぞと思う所には、積極的に参加してみましょう。縁のある人たちとの巡り合いと関わり合いが待ち受けているでしょう。

神は、人を導き育てるための手段を無数に持っています。人間にとっては思わぬ事を通してやってきますから、自らそのチャンスを狭めないようにすることが大切です。

自分の直感や心の促し、人からの促しや誘いに従いましょう。全部を引き受けて言うなりになる必要はありませんが、それらから多くの示唆が得られることは確かです。そこから何かが始まります。思わぬ方向に展開し、それが神のお導きや必然であったことに気づくこともあるでしょう。自分を取り戻していく過程で、これまでにない感覚が出てきます。

今世の地上の故郷は、この『現世編』においても原点に位置します。これまで住んできた所や家も含めての故郷を訪ね直してみましょう。家族と一緒に訪ね直すこともいいかもしれません。また、これまでに自分がしてきた事も、見直してみましょう。

自分の内なる導きに従って、また周りの動きや状勢に応じて、自分探しの旅はなされていきます。型通りのものではありません。その中で神のお導きが働きます。

音楽や香り、土いじりや菜園作り、日曜大工などという卑近《ひきん》なことを通しても、自分探しの旅が推進されることがあります。ペットを通して自分を見出し、取り戻せる人もいるかもしれません。

その人の部屋やオフィスを見れば、その人がどんな人かは一目瞭然です。改めて自分の部屋を眺め、体感し、整え直してみましょう。そこは自分の反映であり、自分の延長部分です。

セルフトーク、つまり自分で自分に意識的に語りかけることも効果をもたらします。自分で自分をうまく統御し、良い方へと向けていくのです。

作文を書くこと、自分に話させること、面接、あるいは互いにしゃべり合うことによって、その人がどんな人か直接にわかります。さらに、作品集や絵や曲、創作物などにもその人が表れます。自分が創ったものがあればそれらを見直し、気づきを深めることができるでしょう。

服装や髪型、あるいはよく手にするバッグ、その人の素振りや物腰や態度、それらにもその人が表れ出ています。小さなことであっても改めて見つめ直しましょう。

少しの間でも付き合ったり、一緒に仕事をすると、その人がどんな人かがわかるものです。その人と一緒に暮らせば、さらにわかります。しかし、自分の事は、案外「灯台下暗し」で、光や照明が当てられず、放置されたままの状態であることが多いものです。外にばかり目をやり、他に受け入れられようとするあまり、他に気遣いすぎて生きてきてはいないでしょうか。真に他のためになるためにも、もっと自分に焦点を当てて、見直し、整え直していきましょう。

それをしないと、だんだん自分がつらくなり、自分らしさが薄れてきて、それが仕事や生活にも滞《とどこお》りやよどみをもたらしてしまいます。その結果、病気になったり、人間関係を壊したりすることにも繋がります。

自分探しの旅とは、そこから脱却し、本当に自分を大切にし、愛し、自分を取り戻し実現していく道です。それがひいては周りのためになり、愛する人たちを喜ばせ、神に喜んでいただくことになることを知りましょう。

自分の名前の意味や由来にも深い意味が隠されています。表面的には、命名者である両親の意図や願いが秘められている場合がほとんどですが、本当のところでは、自分自身の特質や使命、生まれてきた目的、願いなどが名前に込められている場合が多いのです。

秘伝として、自分の名前をマントラのように心で唱えて自分に出会い、自分を取り戻して、アカシック・レコードにある自分の生命の書に同調する方法があるということも、そのことを物語っています。

誕生日、誕生してきた国と地域、家系、時期、時代状況などにも自分が表れます。そのことも改めて見直してみると、そこにも発見があるでしょう。

人生は、天からの訓練であり、試み、テストです。そして同時に、神から与えられた恵みです。それゆえ、人生で起きる事には意味があります。人は誰でも、神によって導き育てられています。

人生は、人の浄化と成長の過程であり、命の本源に向かって歩みを進めながら、人は生かされて生きています。創造神との関わりで己を見出し、取り戻そうとして、誰もが、天の故郷に還りつく旅を辿っているのです。

これを知ることで、「自分探しの旅をしたい」という強い思いがふつふつと湧いてくるでしょう。その思いに素直になり、柔軟な開かれた心で、周りの人々のことも配慮しながら、朗らかに旅を行います。その先には、喜びと素晴らしい結果が待ち受けています。いつでも希望を大切に、今するべき事に精一杯励んでいきましょう。

それをこなしてこそ、自己発見、自己解明、自己覚醒などがやって来ます。セルフカウンセリングで己を知り、自分の役割、宇宙の中におけるポジションと担当、居場所を見出します。そのためには、「自分は本来どうあるべきなのか」を正直に問いかけ、それを見出し実現させたいという思いに素直になることが必要です。自分らしくありたいという切願に導かれて、自分探しの旅はゴールに向かい、その途中も充実したものになるのです。

第10章

人はどこへ向かっているのか

人は誰でも、愛と命の本源である、宇宙創造神へと向かっています。人間を含めて宇宙の森羅万象《しんらばんしょう》を創造された創造主、唯一神の御許《みもと》へと向かって、一人ひとりが輪廻転生の旅を続けているところです。

この地上への下降に基づく転生受肉は、今から遡《さかのぼ》ってほぼ一〇〇〇万年前から始まりました。その時点ですぐに、現在の形態のようなはっきりとした生まれ変わりが始まったのではありません。また、かなり個体差もありましたから、最も早い地上への下降が一〇〇〇万年前から、最も遅い転生受肉の者たちは、今より二、三万年前から始まっています。

前述したように、創造主ご自身は、時空を超えて当初からあられました。その唯一神、あるいはその元の絶対者というお方が、霊的宇宙と物理的宇宙とを発出されたのです。その中で、後に人間と呼ばれるようになった生命体も多数創られました。その数は特定できませんが、同時にすべての魂が創造されました。そしてしばらくは霊的領域に、霊的存在としてのみ存在していました。

一方、物理的な宇宙では、生き物たちが進化し、物理的宇宙が用意され、整えられていきました。その中でも、銀河系の中の地球に惹きつけられた一群の魂たちが存在しました。

水が豊富な惑星であった地球は生命の宝庫で、美しい自然に囲まれている惑星でした。霊的存在たちは、地上を徘徊《はいかい》する生き物たちに魅惑され、うらやましくさえ感じたのです。特に、動物たちのセックスに惹かれ、物理的な肉体というものを、動物を通して体感し始めることで、次第に物質と肉体に巻き込まれるようになったのです。

それが、創世記に記されているヘビの誘惑、禁断の木の実を食べたというくだりです。だからこそ、アダムとエバは恥ずかしくなって、いちじくの木の葉で下半身を隠したのです。

神はその救助策として輪廻転生の法則を設けられ、そこから浄化されて脱出し、元の霊的領域へと還って行ける道筋を創って下さいました。このときから、エデンの楽園（霊的領域）から追放された者たちが、地上に下降し転生受肉するようになったのです。

神の救助によって、後に下降した一群の存在たちの中でも、とりわけ優れていた先輩格の魂が、肉体から脱出し、霊的領域へと帰っていくという課題を見事に達成しました。そのおかげで、その型をパターンとして参考にし、輪廻転生を経ることで、誰もが霊的ふるさとである神の御許に還り着けるようになれたのです。

天のふるさとへと還り着き、他のすべての者のために、還る道とその手立てを与えて下さった存在が、イエス・キリストです。彼自身、三〇回におよぶ輪廻転生の末に成功し、自分の欲望や感情などの肉に打ち勝って、すべてを浄め、誘惑を退け、物質のマスターとなって離脱し、本来の居所へと復帰されたのです。

地上には、さまざまなタイプの人たちがおり、一方であの世にも無数の魂たちがいるため、イエス・キリストに準じた力を持つ、それぞれの系統の指導者たちが、後輩の魂たちにお手本を示しながら指導し、世話をし、育て導いてきました。一番の本《もと》では、創造主がそれぞれの系統の実体を通して、類似の魂たちを育て導き、引き上げておられます。それはちょうど、富士山の登山道が一本だけでなく何本もあるように、頂上こそ一つで目標は同じであれ、登山道が何本か用意されていることに似ています。

すべての人類が目指しているのは、共通のただ一つの本源、本当のふるさとです。それぞれ今歩いている位置や程度は千差万別ですが、すべての人が現状を通って次に歩を進め、最終的には共通の源に還り着けるように、誰も困らないような手が打たれています。

宇宙創造神は全知全能で、全き愛のお方です。すべてに目が行き届いて、その手立てにそつはありません。そうして整えられたその人の状況や位置には意味があります。それは、基本的には本人のこれまでの生まれ変わりの歩みによって、自ら定めたものです。

そして、今取り組むべき事にも意味があります。それを誠実にこなすことで過去のカルマが果たされ、現状が成り立ち、しかも周りに役立ちながら次へと向かって行けるのです。そのための事柄が、するべき事として絶妙に提示されています。天のふるさとに還り着く秘訣は、いつでもどこでも誰においても共通しています。今置かれた状況の中で、するべき事を精一杯果たす、このことだけです。それがそのまま、歩を進め、還り着くべき所へと向かいつつあることになります。

共通の源に還り着くために、その人その人にふさわしい事柄が用意され、現状の中に置かれています。その本務を超作という形でこなすことが、天のふるさとへと還って行く万人に共通した条件であり、それ以外のことではありません。

心配したり迷ったりしないで、今日の前にある事に意味があり、自分に合っていて、還り着くために欠かせない、最大効果をもたらすために与えてくれたものだと理解し、他を思いやり、配慮しながら、その時点の自分にできる限りの力を尽くしてひたすら果たしていけば、共通の源に誰でもいずれは還り着けることになります。心配したり、他のことを求めなくてもよいのです。

一人ひとりは、創造神によって、少しずつ着実に育て導かれつつあります。それが現状にそのまま表れています。このことを理解するだけでもずいぶん楽になり、目の前の事をなおざりにせずに、確信と信頼を持って、感謝と喜びを感じながら取り組んで、こなしていくことができます。目の前の事を通して周りのお役に立ち、カルマも果たされ、自分も成長を遂げ、浄められ育成されて、着々と命の本源へと向かって行けるのです。神は、その人のその時点に最もふさわしい形で、何もかもを授けて下さっています。

神のこの配慮がわかると、自分以外のそれぞれの人の状況や、するべき事に対して、尊重と信頼を抱くことができます。また、自分自身の状況や起きてくる出来事に対しても、

「これを通して還って行ける」とわかるので、安心でき、感謝も湧いて、余裕を持って、精一杯力を出し尽くすことができます。

還り着くためのポイントは、「今するべき事」を他を思いやって果たすこと。しかも、その時点の力を全部出しきって、手抜きをせずに最善をつくすことです。その時点の力を出しきり、その時点で「こうすればいいと思う」という、自分の内なる知識や理解に基づいて行えば、カルマが解消し、成長し、現状が成り立ち、整い、必ず次にコマを進められます。

たとえその時点では、自分の人間としての知力や人格が不十分であろうと、神はそれをよくご存知の上で、それがすべて出しきれれば最大効果が発揮され、次に向かって行けることを予《あらかじ》め読んだ上で、するべき事を提示して下さっているのです。人間は何も心配することはなく、置かれた状況のもとで「今するべき事」から、順序立てて、精一杯の心で果たすことだけに徹すればいいのです。天で計画され導かれているのですから、それによって間違いなく還って行くことができます。焦ったり、慌てる必要はありません。また、他と比べ競り合う必要もありません。むしろ譲り合いの精神が大切です。

それぞれが、今いる所から出発し、するべき事を通して少しずつ本源に近づいていきます。そのゴールは一人ひとりの中にイメージとして存在します。それがその人の理想や、憧れや夢、心からの願いです。迷ったときは、その時点の自分の理想の感覚やイメージに聞いてみてください。自分の理想の意向に、信頼と価値を置いてすべてを委ね、「今するべき事」に実際的に取り組むことです。

一人ひとりの理想は、その人の程度と性質と必要性を反映したものです。その人の理想には大切な意味があります。その時のその人の神との関係、また今世の目的を、理想のイメージが表しています。そこに献身し、自分を委ねることが、そのままゴールへと自分を近づけ、引き寄せることに繋がります。

日々の祈りと瞑想の中で自分を調整し、自分に向き合って、確認しましょう。そして祈りや瞑想から明けたら、物理的な現状にしっかり向き直って無心に行動し、祈りや瞑想という、神との交流で頂いたエネルギーと愛と智恵を、今するべき事に投入し、ひたすら果たしていくのです。そのことで、着実に本源へと向かって行くことになります。

この法則は、この地球に生きる誰にでも共通することなので、自分だけの狭い偏った枠の中で、人を好んだり嫌ったり、尊重したり軽蔑したりということで動かずに、大きな神の法則に照らし合わせ、神のように一人ひとりを受け入れ、誰のことでも配慮し、見てあげられるようにすると、ほかの人が還って行く道をサポートできるようになります。これを果たせるようになれば、これ以上の善業はないとさえ言えるでしょう。

人と人との関わりはなにより大切です。自分の目の前に現れてくれた人を、どのように見なし、実際どう関わるかが問われています。自分一人の力で還って行く道を辿っていると思ってはなりません。一人ひとりが、今いる位置や段階は異なっていても、共通の頂上へ向けて登山しているのです。しかも、それはこの人生だけの旅ではありません。何回も何回も生まれ変わりながら成長し、地球学校の学年が上がっていきます。直前の前世が中学二年生とすれば、今世が中学三年生ですから、来世では、また進学して高校一年生になるわけです。

地球学校で学ぶべきことをすべて学び、単位を修得したら、この学校を卒業できます。そのことを、仏教をはじめとするインドの宗教では、解脱と呼んでいます。小さな解脱は、最終的な卒業の前にいくつもあります。たとえば、小学校を卒業した時、中学校を卒業した時、高校を卒業した時などです。それを超え、最終的に待ち受けている地上からの解脱は、もはや人間として生まれ変わる必要のないレベルに到達した状態です。人間とは、地球学校で学んでいる生徒である。霊的にはこのように定義付けられます。霊界に行ってもさらに成長し、カルマを果たして、創造神のところまで到達した時が真の解脱です。

地球学校に入学する前は、私たちは人間ではありませんでした。地球学校に通っている生徒でいる間が、人間という生命体の段階です。そして、単位をすべて修得して、地球学校を卒業すると、再び人間ではなくなります。一つの生命体に変わりはありませんが、人間とは呼ばれず、菩薩と呼ばれるようになります。あるいは天使とも呼ばれるかもしれません。

菩薩や天使の段階も超えられると、仏、さらには神になります。ここで神といっても、それは宇宙創造神のことではなく、単なる神々のことです。これらは仏教では六道輪廻《ろくどうりんね》として説かれています。

華厳経の中の十地経《じゅっちきょう》では、十段階で、生命体の進化の上昇していく段階が説かれていま す。日本の空海も、十住心論を書き表して、生命体の辿る十段階を説いています。ヨハネの黙示録やアビラのテレサは、これを七段階として説きました。インドのヨーガで説かれるようになったチャクラも、生命体の進化の行程を七段階として捉えています。

そのなかで、仏教の六道輪廻は六段階で、修羅界の次が人間界、人間界の次が天界です。ここで天界という場合は、欧米の宗教やスピリチュアルで説いている高い天界のことではありません。ここにいるのが、善性の段階に至った者ということです。

さまざまな宗教の教えがあるにしても、生命体は生まれ変わりながら浄められ、また育成され導かれつつあることに違いはありません。人間の段階で、生命体は輪廻転生します。それ以前の段階では、輪廻転生はできません。また、人間というあり方を脱却できた生命体は、もはや輪廻転生する必要性がなくなります。そのあとは霊的領域で進化を遂げ、導かれ、他の霊たちに奉仕したり、地上の人間たちの指導霊や守護霊となって、あの世で歩みを続けていきます。

あの世での成長の遂げ方も、それぞれの存在にふさわしい道が待ち受けています。また、その生命体の意向や希望も考慮に入れられます。そのようにして、最終的に霊的領域に還ってからも進化を遂げ、最終的には創造主の御許へと還り着けるのです。

しかし、そこでただ休んで眠っている状態かというと、そうではありません。この世に人間として出てくる必要がなくなっても、霊的領域で進化を遂げ、他の霊たちや生まれ変わって来ている人たちに対して、できる事を果たし続けます。宇宙は愛の世界だからです。

今世は、そこに還り着くためのひとコマです。前世を原因として、今世のあり方が決まっています。同時に今世、今している事や意図している事が、来世を決めつつあります。過去を原因として現在という結果があり、現在を原因として未来という結果が存在します。

前世を知りたければ、現在の状況を見ることです。現在の状況と状態に、前世が顕れているからです。同時に、来世を知りたければ、現在本人が意図し、行いつつある事を見ることです。それによって、来世がどうなるかの察しがつきます。次の来世をより良くしたいなら、現在の自分の意向や行う事に留意し、それをできるだけ良くして、神のお心に一致させること、他を心から思いやることです。

人が生まれ変わる目的は、自分を取り戻し、本当の自分になるところにあるのです。

第11章

『自分探しの旅〈現世編〉』の総括

人は、共通の源である宇宙創造神の御許へと向かう、輪廻転生の旅をしているところです。どんな所でどんな生き方をしている人の場合でも、それは例に漏れません。この法則や枠の外にいる者は、誰一人としていません。好むと好まざるとにかかわらず、認めようと認めないとにかかわらずそうなのです。

それゆえ、他の人たちの霊的成長と、還り着こうとして今するべき事に取り組んでいることを軽んじないでください。できるだけ理解し、感じ、配慮し、手を差し伸べて、見てあげたり関わったり、蔭でお祈りしていてあげてください。

人それぞれの、必要な歩みがあります。還り着く道は、そのまま成長のプロセスです。今は不完全で当然なのです。良くなろうとする目的を持って、今するべき事に各自取り組んでいるのです。

人生は、本源へと向かう旅であると同時に、内面的に捉えるならば、自分を取り戻し、本当の自分になっていく道です。単に天のふるさとへ、外的に向かっているというのではなく、内的には限りなく自分の内奥《ないおう》へと通じる道を歩んでいるということです。外的にせよ内的にせよ、捉え方の相違に過ぎず、両者は矛盾なく一つであり、同じことです。

自分探しの旅は、特に内的に捉えた場合を指す場合が多いようです。宗教的には、天のふるさとへ還って行く道を歩いているというように説明できますが、自分探しの旅というと、内的に捉えたイメージが強くあります。

将来、天で本然と輝く神の子としてあることを今から予感し、そこにセットします。すでに、ゴールに辿り着いた将来の自分の完成した姿です。内面的には、自分探しの旅を一通り歩みきって、本来の自分を見つけ、取り戻し、自分になっている状態です。

今自分が置かれた状況で、するべき事やできる事、あるいはしたい事を確認しながら、現状の中で自分を見い出し、調整し、感じながら生きていきましょう。そのための有効な手立てを、ここまでに紹介してきました。

内奥に通ずる道があります。それは自己の核となる本質に立ち返り、真の自己に出会い、そこと一つとなることをゴールとしています。

人は霊的領域である天のふるさとへ向かっていて、今はその旅路の途上にあります。そこは人類共通の真のふるさとです。生まれ変わりながら、浄化と成長の過程を経て、そこを目指しています。

そのふるさとに行きつくためには、自分を取り戻し、あるべき姿の自分になることです。誰においても、創造主との一つなる状態を回復し、本来の位置とあり方に復帰することが念願であり、目標です。このことは、イエスが放蕩《ほうとう》息子の喩え話を通して人々に気づかせ、思い出させ、その憧れを喚起させ、そして実際にそこへと向かわせました。日本の伊弉諾、伊弉冉という夫婦神も、日本人をそこへ誘《いざな》うことをお役として引き受けておいでです。

「幼子のようになれば、天国に還れます」と、イエスは説きました。この教えのイメージの中に、神との関わりにおける神の子の自覚があり、霊的な親子の関係を回復させたいという意図が込められています。それは、ある面では原罪を犯す以前の神から頂いた無垢《むく》なありのままの姿、つまり個性であるカラーナ（原因身としての霊体）です。一人ひとりに授けられたかけがえのない、人と比べられない、ほかと取って換えられない独自の尊い賜物です。

すべての人が神の子であり、私たちは互いに同胞です。神はすべてを導き育て、救い取ろうとされておいでです。本源は一つ、宗教は一つ、愛は一つ、真理は一つ。一つの宗教、それは愛の宗教です。この世の宗教はそのための方便です。

自分探しの旅が、以上の精神と方向で成されますように。そして最終的には、すべての存在が命の本源に還りつき、創造神との一つなる状態が回復しますように。それぞれが、必要なプロセスを一つひとつ通り抜けていってください。また、ほかの人たちもそれが成されるように、理解し、信じて、温かく見守ってあげましょう。

第12章

今世の自分との出会い　～リーディング事例集～

リーディングのさまざまな事例

人は誰でも、自分を知りたい、探し求めて、見出し、取り戻したいという自分への関心があります。これまでさまざまな視点から、自分探しについてお話ししてきました。

ここでは具体的な事例をいくつかご紹介していきます。これからご紹介させていただく方々は、今回この本を出版するにあたり、ご自身の課題やリーディングの内容を公開することで、同じような課題をお持ちの方々への力づけとなり、またそれ以外の方々に対しても何らかの形で参考となり、お役立ていただけるのであれば、ということでご協力いただきました。このような生き方がカルマの解消へと繋がっていくことにもなります。

通常の個人リーディングは四五分前後行いますが、今回は事例用ということで、二五分前後の短いリーディングを行っています。

◇リーディング①

年齢：18歳
性別：男性
2007年10月11日

ソースへの質問：二〇〇八年春、大学受験を控えています。昨年は、ハッキリとした目的、方向性もないまま受験し、現在一浪中です。

いったい自分はどんな人間で、何をするために生まれ変わって来たのか、何に向いているのかを知って、ラストスパートの時期、進むべき方向をハッキリ定めて大学受験に臨みたいと思います。

私の生まれて来た目的、自分の傾向、方向性、留意点をお教えください。私は今世に生まれ変わって来る時、神様、そして自分自身とどんな約束をしたのかも知りたいです。よろしくお願いいたします。

ソース：魂の特質として、探究心旺盛なところが見受けられます。生まれ変わりの過程で、大抵の場合、一つの物事に打ち込んできた人でした。今でもその傾向は一貫していて変わっていません。凝《こ》り性な人です。これぞというものを見つけると、倦《う》まず弛《たゆ》まず励み、その事に自分を向けていく人ですが、それが見つかるまでは、迷いやすいとも言えます。

しかし、ただ迷う人ではなく、暗中模索の中でも手探り状態を続けながら、「自分は何に献身すると良いのか、何を解明しなければならないのか」と、そのことをずっと、自分にも問いかけています。

自分でテーマを設定し、それに対して解答を与えることが今世生まれてきた目的です。今回の人生において、何らかの答えを見い出していくでしょう。あなたの心の中に、「解明したい。明らかにしたい」という願いがあります。根本的に、宇宙の真実と法則を解明し、自分で納得したいという思いがあるのです。典型的な探求の人です。それが内面に向けられた時は、宇宙の法則や世の中の道理、コミュニケーションの技などに方向づけられていきます。

一方、それが外面的、物理的な方へ向けられた時には、「物理学や化学的な法則を解明したり、物を制作し、より良い製品を作り出したい」ということや、あるいは「物理的な法則を解明し、世の中に貢献したい」という願いとなって表れ出ます。しかし、今世の方向づけとしては、必ずしも物理学などの自然科学に向けられているとは言えません。この人生では、もっと人生の法則や世の中の道理、また人間の心の機微《きび》、人間関係に向けられることでしょう。そしてより良い社会創りに自分を向け、望まれる社会体系を構築することに寄与していくでしょう。

前世でも探求する人でした。また、物を制作したり創作する人でした。芸術や物作り、芸能などに数多く関わってきた魂です。今生は何らかの形で、職人として大成するでしょう。ものを動かしていく力を秘めています。また、真実を明らかにして、人々の心を安定させます。いずれ人間自体に興味を持つようになるでしょう。

前世において、人の悩み事を聞き、相談などを請け負っていたことが何度かありました。今世においてその面に目覚めれば、宗教的なカウンセリングなどの方へ向かって行くこともありそうです。

人の悩みや苦しみを放っておけない、優しい思いやりに満ちています。また、とても奉仕的で我慢強い面もあります。その分、やや自分の心を抑止する傾向が見られます。一方で、場を仕切りたがる面も持ち合わせています。

前世では伝統工芸などにも何度か関わり、仏像制作なども行った人です。今世において精神的な目覚めがあれば、宗教儀礼に関わり、人間の生き方やあり方についての規範を提示し、それを身をもって行っていくこともあります。

大学での学部選択が、そのまま将来の職業を決める人もあれば、大学は大学で教養として学び、そのあと自分の使命に向かっていく人もいます。例えば、将来医者になる人は医学部に入らねばなりませんし、看護師になる人は、看護学校に進むか、あるいは大学の看護学科に入らねばなりません。技術系の仕事に就く人の大半は、工学部に入ります。しかし、必ずしもすべての人が、大学に入る時点で将来の職業まで決まるとは限りません。実際は、大学で学んだことと全く別の方面に進む人たちも多いのです。

あなたはやや苦労性のところがありそうです。そのため、何事もすんなりいかないとい

ませんうことを言っておきます。すでにその兆候が現れていて、ストレートで大学には進めてい

ません。

自分の中で困難に挫《くじ》けず、覚悟を定めて事に臨むという精神が宿っています。ほかの人たちの何倍も忍耐を秘めた努力家です。こつこつと、自分のペースで物事に取り組んでいくことでしょう。その中で本当の自分の道を見出していくようになる人です。何らかの形で、物を作ったり記録に残したりする暗示が来ています。あなたの場合の使命は、形にすることなのです。

生まれて来る前に、神様と、また自分自身と約束してきた事は、「世の中に必要で、役に立つものを形にしたい。そして自分でもそれを確認したい」ということです。それゆえ、あなたが成す事は、どんな事であろうとも何か形に残るものであるでしょう。それはあなたが、「この世に自分を証明したい」という思いの表れでもあるのです。

また、形を整えるという暗示も来ていますので、形式や儀礼、作法などに関わることが大いにあり得ます。例えば、真言密教や日本神道の宗教儀礼を見直し、それを模範的に執り行って人に形の規範を示していくとか、人間の生活に秩序と規範をもたらす生き方につ

いて、人々に説き示していくことを行うといったことなどが大いにあり得ます。一方、イベントや祭の裏方を務めたり、企画に参加するかもしれません。

たとえ大学で文学部の歴史学科に進んだ場合でも、いずれ遅かれ早かれ、将来の職業として人間の苦悩や悩みに答え、人と人との交流における規範やマナーを伝え、身をもって形で示していく人になることでしょう。

ただし、あなたにはその前に、人生経験が必要なようです。あなたは、自分で納得しないと動かないところがあります。人に依存したり弱音を吐いたりしない、強い精神を奥に秘めています。前世から辛抱強い人でした。

人間のために一肌脱いで、ほかの人のために関与しながら、「人間とは何か、生きるとは何か、宇宙の法則とは何か」を共に考え、ほかの人に付いてあげながら、ガイド役として生きていくことでしょう。考え抜く人であり、誠実で真面目でひたむきです。

内面的な傾向として、お母さんに似ています。使命としてはお父さんに似ています。やや苦労性のところがあり、人生を深刻に捉えがちです。もう少し気を楽にして、心を柔軟にしてみてください。ひらめきを大切にすれば、導きが感じられてきます。

あまり自分や人を縛ってはなりません。前世から厳しく仕込まれてきた人で、厳格な規律と付き合いながら生まれ変わって来た人ですから、今世ではもっと自分の感性と素直な気持ち、直感などに目を向けてみましょう。それによって余計な苦労をせずに済み、人生に喜びと安堵感が感じられるようになります。

必要以上の苦労や努力を招いてきたところがあります。なんでもあまり深刻に捉えないこと。それによって、パッとひらめいたり、自分がどんな人間で何をしたら良いのかも見出せるようになります。

人生に、明るさとユーモアを持ってください。そして周りの人に心を開き、交流することです。前世からの傾向として、自分で自分を閉じて一個の完結した存在にしてしまいがちです。自分だけで考え、決断し、決めていく頑固なところがあるのです。もっと人と共に交流して楽しみながら人生を創り、勘を働かせれば、人生は開けてきます。意地っ張りになったりむきになったり、わざわざ苦労を背負い込んだりしないでください。

人生は天からの恵みです。神は愛と命と喜びの源なのです。人生が明るく楽しくなってくれば、あなたは神を感じ始めています。あなたは、なんでも自分だけで考え、自分だけの悩みとしがちなのに、一方で、ほかの人の悩みや課題には積極的に関与していきがちです。その矛盾に気づきましょう。

あなたがほかの人を放っておけないように、あなたがつらい時や滞っている時は、ほかの人に自分を向けていくことです。互いに助けたり助けられたりしながら、人生は共に創り上げ、歩んでいくものです。

前世では職人であったことが多かった人ですが、今世では内面の探求と人間研究に興味を持って生まれて来ています。ゆくゆくは霊的、宗教的なことに開眼《かいがん》し、自分を悟る時が来るでしょう。

焦ってはいけません。結論を早急に出してはいけません。柔軟で開かれた心を持ち、それぞれの人の思いや必要性を見て取ってあげるように心がけると良いのです。そのような中で「自分は何者なのか。自分はどうしたら良いのか」にも気づいていくようになるでしょう。

考えたり、探求するプロセスにも着目してください。「結局何なのだろう」というところにばかり目をやらずに、プロセス自体に着目して楽しむことさえできれば、余裕が出て、本当の所に導かれていくでしょう。

リーディングを終了します。

Q1　今回のリーディングにより自分自身を知ることで、どのような気づきや発見があり、あなた自身の内面（考え方・生き方など）にどのような影響がありましたか？

自分自身、悩みがある時、一人で抱え込んでしまっていて、そのことによって周りの人に心配や迷惑をかけてしまっていたことに気づかされました。

これからは、もっと周りの人に相談をしてみようと思いました。

Q2　今回のリーディングで、現在、課題と感じられている事の解決につながりましたか？

今の時点では、明確には見えませんが、リーディングを受けたことによって、気持ちが楽になりました。

◇リーディング②

年齢：36歳
性別：女性
2007年10月11日

ソースへの質問：昨年離婚し、現在、長男（小学三年生）と長女（小学一年生）との三人暮らしです。自分自身をしっかり振り返り、これから前に進んで行きたいと思っています。

私の生まれて来た目的、自分の傾向、留意点をお教えください。今後私たち親子三人が幸せになっていくために、神様からメッセージを頂けましたらとても嬉しいです。よろしくお願いいたします。

ソース：前世においては、どちらかというと内向的で自分を控え、羞恥心《しゅうち》の強い人でした。今世においてはもう一方の面を開拓し、また試みに遭いながらも、それらを一つひとつクリアーして自信を持ち、感謝と喜びを感じて生き生きと生きられる人になるために、挑むような思いを持って生まれて来た人です。

前世ではあまり自分で、「この事をしよう」と思って主体的に行うことは少ないままでした。しかし、それでは一つの生命体として完成することが困難になってきたため、チャレンジを引き受け、社会性を身に付けようとして今のような展開になっているのです。また、人間の思いを知り、人間らしさを養うためにも生まれて来ています。

前世では淡白で、敏感な人でした。世離れした感じのところがあったのです。今世では、人間臭い部分をもっと知ることが必要になっています。そのためには、自らが人間的な事柄を体験し、喜怒哀楽を体感しながら人間性を養うことが必要なのです。その方向で、世俗的な事にもっと関与し、人との関わり合いが求められるようになったのです。

あなた自身も、生まれて来る前に、神様とコミュニケーションを図らせていただく中で、自分を振り返って、その通りだと思えました。そのため、自分でもこれから生まれていく人生ではもっと積極的、主体的に生き、自分で体験しながら人間らしい部分を養い、また積極性と自信も身に付けながら、自分で働いて稼いで、子供を養い育てる苦労と喜びを味わおうとして出て来たのです。

苦労したり、思い通りにならなかったり、大変でつらかったり、そのような事があるからこそ喜びもひとしおであり、また自信も付いて、人間としての実力も備わってきます。

悲しい思いをするから、その分喜びも強く感じられるのです。その対照的な感情の落差が著しいほど、人間的に奥深くなり、人間らしさが出てきて、魅力になります。そうすると、人の苦しみも願いも、両方ともわかる人になり、ほかの人のためになってあげられる存在に成熟するのです。

以上のことが、前世までの生き方では足りないままでした。取っておかれた人だったのです。大切にされていたし、また高貴な部分、霊的に純粋な部分も保っていた人でした。

しかし、そのままではどうしても、この世に生まれて来てほかの人を本当に感じて受け止め、他者のことを温めたり癒したり、支える面は付いてきません。生まれて来るということの中には、人間らしくなって、他者を十分に感じ取って思いやり、ほかの人を慰めたり癒したり、支えたりできる面が培《つちか》われることが含められていなくてはならないのです。

神様は純粋で、聖なるお方です。しかし同時に、神様の中には、ある意味で人間臭い部分もあるのです。だからこそ人間を救済することができるのです。それでないと人間との接点を持てません。

人間臭い部分が養われるためには、やはり人間的な苦労を味わう過程で、共々に喜怒哀楽を共有し合うことです。その中で、共感も湧くし、その人の内部に人間らしい部分が養われていくのです。

あなたは前世では清らかすぎたのかもしれません。謙虚でしたが高貴な部分があって、悪気はなくても、人の苦しみとか大変さ、生活上の苦労があまりよくわからないままだったのです。そのため、ほかの人のお役に十分に立てませんでした。今世では、人並み以上の苦しみを味わうことで、喜びや楽しみや、人の願いもわかる人に鍛えられ、育て上げられようとしているのです。

自分の良さを保ちつつも、ほかの人たちとざっくばらんに心を交流し、人間らしい部分を養うように心がけてみてください。自分の経験を通して自ずと、人間らしさが自分の中に創られていきます。神がそのように計らわれ、導かれることでしょう。それゆえ、苦労や思い通りにならない事があっても、疑ったり迷ったりめげたりしないでください。

起きる事には意味があります。それらは神からの訓練であり、またテストでもあるからです。「自分はこのような形で神によって試みられ、また訓練を受けて鍛え上げられている。これが今の自分には相応しく必要で、本当の意味でためになる良い事だから、このような形で起きて来ているのだ」と捉え、受け止めて、じっと感じてみることです。その上で、囚《とら》われすぎず、気持ちを吹っ切って目の前の事を一つひとつこなすのです。

起きて来る事を拒否せず受け入れること。否定せず肯定すること。そして、受け止めるだけでなく、しっかり体感し、一つひとつを通り抜けながら、それに伴う感情の起伏を十分に味わって通過していく。その中で、カルマが解消したり、人間性が養われてきます。

外面的にも内面的にも、体験し、通過していくことで、その事を起こされた神の意図が、着実に遂げられていくということに気づいてください。「どうしてこの事が私の身に起きねばならなかったのだろう」と、疑ったりめげたりしてしまうと、神があなたに意図されている事が十分に起きにくくなってしまい、あなた自身も苦しんだり迷ったり、抵抗したりうろたえるばかりです。

「自分の至らなさや欠点によって事が起きた」とも説明できますが、それに留まらず、それをすら用いて神がその人を鍛え、育て導くのがこの世の中です。その意味で、この世は訓練の場であり、人間としての愛を学ぶ体験学習の学校なのです。もし、取り組まねばならないことだとしたら、それらを少しでも気持ちよく、楽しく、確信を持って取り組むようにしたほうがよいですし、その心がけは悪いことではありません。むしろ望まれることです。しなければならないということは、必ずしも、嫌々《いやいや》、苦しみながら体験しなければならないことを意味していないからです。

あなたは、この世に疎《うと》く、上手に行ったり、楽しみながら適当に事を処するという面がやや希薄です。前世で、世渡りを身に付ける機会が少なかったからです。それでもそれなりに生きてこられていた人ですが、今世では自分の実力を試し、人間性をテストされる状況が巡ってきています。

前世での生き方を、あの世に行って振り返って検討したことが心の中にあるので、起きて来ている意味が奥深い心で認識されており、覚悟が定まっています。「やはりそうなのか」という感じが、あなたの奥に響いているのです。

人はどこかで自分の使命をわかっているものです。明確にではなくても、やはり前世の生き方の反省や、今世生まれて来た目的、留意点は、奥深い意識では忘れていないままです。それゆえ、奥深い心の響きに素直になり、それに目を留め、それを参考にして生きていけば、生まれて来た目的を見失わず、その方向で正しく進んで行けます。生まれて来た目的の中に、神様とあなたとの関係性が集約されているのです。したがって、生まれて来た目的を遂げる人生を歩むことは、神のお心に沿う人生を生きることになります。

この世の仕事に積極的に挑んでいってください。そして自分で働いて自分で稼ぎ、自活し、さらに子供を二人養い育てていくことも、喜びを持って引き受けてください。その中で、本当の人間性が養われ、これまでにはない喜びや自信や覇気《はき》が漲《みなぎ》ってくるようになります。世の中の大半の人たちは、そのように生きているのです。これを経ることで、ほかの人の気持ちもわかるようになり、ほかの人のためになってあげられる人になります。

あなたは、前世で養ってもらう一方でした。ですから、今世であなたが自ら働いて自分の価値を証明し、そこに喜びと自信を伴いながら、子供二人を養っていくのです。それが可能なところまであなたが成長を遂げてきたから、この事が起きたのです。どんなに頑張ってもできないような事は起きません。神はすべて、何もかもお見通しの上で事を起こし、状況を設定されるお方です。

起きるということは、それに耐えられ、必要であるということを意味しています。そして、苦楽を共にするところに尊さと素晴らしさがあるのです。それこそ、家族の醍醐味《だいごみ》です。

思い通りになったり楽だったり、ただ平安で静かな喜びがある。それだけでは人生の片面しかないも同然です。喜怒哀楽のすべてを共有し、身をもって体験しながら潜《くぐ》り抜けていくことが、人間性を養わせ、バランスよく成長させていくことになるのです。喜びや、ただ思い通りにいって楽だというだけ、困難が起きないというだけでは、安心して楽だけれども虚しさが漂《ただよ》い、本当に成長を遂げていくという事は起きにくいのです。

思い通りにいって楽な面と、思い通りにいかなくてつらく大変な面の両方を、神は、いわば飴《あめ》と鞭《むち》を使うように上手に人を鍛え上げ、時には庇《かば》い、優しく扱いながら全うさせる、絶妙な愛の教育者です。

あなたが神様のことをわかってくれれば、神と自分は親子の関係であることを認識し、神が自分を取り扱われるように、自分もまた子供一人と関わっていくようになります。人間と人間の関係は、本質では対等ですが、親子の場合は学びと役柄上、神が人間にされるように育て、導くことをお手本とするといいのです。子供と共感しながら共々に育っていくことです。

働く喜びも味わってください。ただ稼ぐためだけでなく、自分たち家族の生活のため以上に、働いて自分を発揮し、自分を向上させる機会を神が新たに拓《ひら》かれたのです。

あなたは前世であまり、自分を試し、働く体験とその喜びがありませんでした。そのため、人間としても魅力や強さや自信というものが、今ひとつ伴わなかったのです。

またあなたは今世で、男性の気持ちもわかる人になっていくことでしょう。それでこそ一人前の魂です。女性は男性を理解し、男性は女性を理解する、というように、別の性の人たちのことも理解していくことで、魂が統合化し、完成のＯＮＥへと向かうのです。

今世与えられた機会をチャンスと捉え、楽しく元気よく生きてみましょう。

リーディングを終了します。

Q1　今回のリーディングにより自分自身を知ることで、どのような気づきや発見があり、あなた自身の内面（考え方・生き方など）にどのような影響がありましたか？

人間らしい感情、特に「怒」という感情や、人に対しての関心の薄さは、前世から来ていたのだという発見がありました。ただ、子どもを授かり育てるうちに、感情の幅が広がっていることに気づき、子どもたちはいろいろな面で、私にとって必要不可欠なものであることに気づかされました。

日々、たんたんと過ごしてしまいがちですが、毎日毎日、周りの人々に感謝し生きていくことが大切だと感じています。

また、自分に自信を持てずにいたため、人の目を気にしていた自分も発見でき、まず、ありのままの自分を受け入れること、そして、他の人の事もありのままに受け入れられる大きさを持ち合わせていきたいと思っています。

Q2　今回のリーディングで、現在、課題と感じられている事の解決につながりましたか？

解決になりました。深い部分で人づき合いが苦手で、嫌な部分はあまり見たくないし、見せたくないと思っていながら、一方で必要なことだとも感じ、そのジレンマに陥っていました。人に踏み込んでいく勇気を持つことが、今世での課題なのだと強く感じ、これから取り組んでいこうと決意しました。

今回、このような機会を与えていただき、本当にありがとうございました。

◇リーディング③

年齢：81歳
性別：男性
2007年10月11日

ソースへの質問：今世も八一歳（二〇〇七・十・十一現在）まで生かさせていただきました。これまでの人生をしっかり振り返り、人生の総括をする時期だと思っております。これから残された時間で、今世できることを最後まで精一杯生き、今世、神が私に望まれたことをしっかり成し遂げ、神の御許へ還って行きたいと思っています。私の生まれてきた目的、自分の傾向、留意点を、今世の総括としてお教えください。

ソース：自分の心の中で、憧れへの思いが強い人です。特に精神的、物質的に限らず、美しいものや素晴らしいものに強く惹かれる傾向があります。そのため、「今世で素晴らしい体験をしたい。美しいものを世の中に作り上げたい」という強い意向を持って生まれて来ました。

真面目で穢《けが》れのない、純粋無垢な魂の人です。繊細で涙もろく、多少気が弱いところがあります。しかし、単に弱くて敏感で、消極的な人ではなく、積極的で大胆なところもあります。時には自分の思いに駆られて暴走しがちな時もあります。自分の感情に陥ると、盲目的になるところがありますが、ほとんどの場合、とても単純で純情で、思うところあって暴走したり突進しているのです。時にはそれが傍目《はため》から見て痛々しい感じがしたり、無我夢中で純粋であるように感じ取れます。

前世では芸術や神仏に関わることをはじめ、文化全般を愛好し、心豊かで優しい人でした。職業としては、科学技術方面の事が多かった人です。今世での建築士としての仕事は天職でした。あなたにピッタリの役目に就いて、それを果たしました。

前世でも建築や設計に何度か関わっていたことがあったので、今世でもその機会が与えられ、そこで自分を見出し、自分を生かすことができたのです。「美しいものを作り上げたい」という憧れが、仕事を通して結実したのです。

人間の心の機微を強く感じる人です。前世では茶道や茶の湯に親しみ、心和《なご》むひと時を味わいました。また、庭師として庭園造りなどでも手腕とセンスを生かした人です。心ある、繊細な文化人です。

今世は、一生懸命生きてきました。実際的な面を試され、鍛えられながら形成された人です。前世でも頑張り屋のところがあったので、今世でその機会が与えられました。

寂しがりで涙もろい、心の敏感な人ですが、いざという時は頼もしく、力強さを発揮するところがあります。特に、家族をはじめ愛する人のためならば、力が漲《みなぎ》ってきて、周りも驚くほど踏ん張ったり、頑張れるところがあります。家族思いで、愛のために献身してきました。愛に関することでは特に敏感で、また芸術や宗教の優れたものに対しては、感傷的にすらなります。また、自然の命に親しみ、感ずるところもある、優しい感受性を備えているのです。

「愛と命が尊いもので、人間は、自分ができる事を精一杯に果たすことで誠意を示し、神の御前で自分を証明することができる」という思いを抱いて生き抜いてきました。そのようなあなたの存在を得て、関わる人たちが何も感じないわけがありません。なぜなら、その生き様《ざま》があなたの使命だったからです。いつでも無我夢中で純粋で、どこか子供の無邪気さを残しています。

人として生まれて来ての基本線は、ともかくも生きていくことです。生きていくこと自体が尊く、価値があるのです。もっと言えば、存在すること自体に価値があります。「何をどうしたか」というのはそのあとに問われるべきことです。

人は、存在しているだけで尊く、周りに影響を及ぼし、カルマと使命を共に果たしつつある存在です。そのことをあなたは理解するようになってきました。

人は、ともすると、「働かざる者食うべからず」といった行動第一主義に陥りかねません。確かに、働いて直接周りのお役に立つことは立派なことです。しかし、世の中や人は表面だけではわかりません。ともかくも、大変な事態を潜り抜けて生き延びていく中で、尊い学びがあり、カルマも果たされ、成長を遂げ、また気づかれぬ形で周りを支えたり、見守っていく面が人間には多分にあるのです。

あなたも、そのようにして今世を生き抜いてきました。それゆえ、自分を振り返って評価する際、例えば建築士としての働きで、直接社会に役立った面ばかりでなく、大変な中を生き抜いて、あるいは生き延びて、前に進んできた面をも見落とさず、その中でこそ果たされたことや学べたこと、また成長を遂げられたことを自分で評価してあげてください。

そのような備えがなってくると、人を支える場合でも、表面に現れ出た能力や働きや実績だけで人を見ずに、隠れた部分を見落とさず、その意義や価値にも気づいて人を平らに全体として理解し、受容して、さらに生かせるように関わってあげられる人になるのです。

東洋の文化は蔭《かげ》を大切にします。感謝の言葉としての「お蔭様《かげさま》で」という言い方に端的に顕れています。仏教で言えば「縁起《えんぎ》」の論理です。動いて実際に役立っている時だけでなく、時には床に伏したり休んでいる時ですら、周りに何かを与えつつあるのが人間です。体や心が不自由であったり思うようにならない人でも、それを通して着々とカルマを果たしたり、周りに影響を及ぼしつつあるのです。会話も、互いの言葉が途切れているところでこそ成されたりします。

晴れた日だけがありがたいのではないし、春や秋だけが良いとは言えません。冬や嵐の日もあってこそ全体が成り立ちます。それで全うされるのです。人生もそのように捉えてください。苦しみや悲しみ、挫折、失敗、不調なども大切なのです。人を見てあげる場合も、そのような捉え方をしてあげると、相手を支え、成り立たせ、生かしてあげる、神様のような存在になれます。自分の中に神の心の一端が宿るということです。

神には及ばなくても、神様のお心を体現し、それを周りに反映させていくのです。それが今世でのあなたの究極の願いです。人生をその観点で振り返ってみるのです。そうすると全部が報われ生きてきて、今の自分が元気になってきます。また、残された日々、周りの人たちをもそのように支えてあげてください。隠れた所に必要性や意義があります。長い目で、神様のように人を見守り信じ、尊び、見てあげられる、素晴らしい人になれるでしょう。

寿命は、天から授けられたものです。神のお心と一致して、捧げられた人生を送ってください。その中で積極的で朗らかに、自分らしく生きるのです。自力で、自分だけで頑張《ほが》ったり、自分だけで行動する生き方を超えて、神を認識し、神様との関わりで生かされるという生き方です。神との関わりで人生を生きることによって、あなたが望む、神の御許に還り着くことが実現します。

生きている限り、自分の存在と静かな働きで、周りに良いものをもたらしていくように心がけてください。時には、自分で自分の労《ろう》をねぎらい、慰めや褒《ほ》めの言葉を与えてあげてください。

あなたは労《いたわ》りの人です。自分の特性を知って、これからも最大限生かされるように自分を振り向けましょう。人のためになった時、あなたは喜びます。自分が必要とされ、求められていること、今でも良い影響を及ぼしていることを知ってください。自分に目を留めて静かに感じていれば、どんな影響が自分を通して周りに及んでいるかに鋭敏になれるでしょう。それによって、ほかの人の気持ちを感じられ、今以上に良い影響を及ぼせるようになっていきます。

静かに祈りながら、人生の締めくくりをより良いものにする方向を意識して、感謝と反省と平安の日々の中で、今世を全うするのです。

自分の中に湧いてくる感情は、それぞれ意味と根拠があります。それゆえ、どのような感情が湧いてきても、判断したりすぐに操作したりせずに、まずは感じ、受け止めてあげることです。その中で穏やかにそれらが解消し、自分も落ち着いてきます。内面的に湧いてくる事でも外に起きる事でも、それによって何かに気づかせ、解消させようとする神の働きです。

自分の判断を先行させすぎず、まずは受け止めて感じて、心静かに思うことです。広く平らな心で感じて受け止めて待つのです。その中で導きがあり、カルマが解消して、起きている意図がゆっくりと判明してきます。その背後に神を感じることでしょう。

人生は一つの作品です。生まれ変わりがあるといっても、今世は一度きりです。一大作品としての今世を、素晴らしいものに完結させましょう。慌てることはありません。自然体で過ごしていってください。その時その時必要な事が起きて来ますから、それらに誠実に対応していけばいいのです。また、自分の心に浮かぶ事があれば、それを自発的に行っていくのも良いことです。いずれにせよ、導かれているわけですから、安心して自分を投じ、神様に付いていくようなつもりで生きていくことです。

生まれて来たのには、意味と目的があります。それらがすべて遂げられた時点で寿命となり、それが神と調和していれば、自然な無理のない形で体から離れる時がやって来ます。信じて委ねて、真の意味で従順であれば、理想的な形で今世を閉じ、還って行けるでしょう。

自分で掴《つか》み取ったことや、相手から感じられたことに対して、周りの人たちに、あなたの良き影響を及ぼしていってあげてください。そうすると、周りに見守られ、安らかに旅立つことができることでしょう。それまでは命を大切に、今世を十分に生きてください。

リーディングを終了します。

Q1 今回のリーディングにより自分自身を知ることで、どのような気づきや発見があり、あなた自身の内面（考え方・生き方など）にどのような影響がありましたか？

この年令になれば、世間もある程度のことは許してくれると、安易な気持ちで、日常を無計画に過ごしておりましたが、今度の有り難い「リーディング」をいただき、前世での行いから今生の天職を引き継いだと知らされ、まさに神さまの御恵みと心より感謝するとともに、今後の生き方に有効に活用しなければと痛感しております。

今までいただいた数多くの尊い御教えに報いるべく、報恩行に徹し、自己中心的な考えや行いを反省するとともに、少しでもお役にたてる人になるべく、積極的に行動したいと思っております。

今後、残された時間で心より人を愛し、人から愛されるような温かい心の持ち主となるよう、努力して行く所存です。

Q2 今回のリーディングで、現在、課題と感じられている事の解決につながりましたか？

如何なる影響が周囲に及ぶかに鋭敏になる。それによって他の人の気持ちを感じ、より良い影響を及ぼせるよう、感謝と反省の中で今世を全うする。

自然体で過ごし、必要なことが起これば、それと向かい合い、誠実に対処していきたいと思いました。己で掴み取ったことや、相手から感じ取れたことに対して、他の人にも良き影響を及ぼすよう努力し、自分の失敗を他の人のせいにせず、心を打ち明け話し合いをしてまいります。

自分は必要とされ、求められていることをあらためて知りました。

◇リーディング④

年齢：42歳
性別：女性
2007年10月11日

ソースへの質問：人生の折り返し地点でもある40代に入りました。結婚して家系を繋いでいきたいという思いはあるものの、未だ独身です。幼少期より皮膚疾患があり、20代から婦人系の病気に罹《かか》っております。

ここで自分自身の生き方を見直し、神の御意志の下《もと》、残りの半生を世の中のお役に立つようお仕えしたいと思っております。私の生まれてきた目的、自分の傾向、留意点と、結婚の可能性についてお教えください。

ソース：前世において、何度か修行に打ち込んで没頭していた人です。自ら誓いを立てて専心していました。その時に菜食主義を貫いたために、生まれ変わった現在でも肉が食べられずにいるのです。

前世で、特に宗教の目的で誓った事は、そのあと宗教的な手続きや心理的な手法で解かない限りは、生まれ変わっても続いてしまう場合が多いのです。あなたは、そのあと解くことをしていないので、今でも肉を食べられずにいます。

また、修行に打ち込んでいた時に、修行を第一とし、戒律を守ることを自らに課したために、生まれ変わった現在でも結婚しにくくなっているのです。今でこそ、結婚したり、普通に家庭生活を営みながら修行をしたりで、宗教職に就く人も増えました。しかし、昔はそうではなく、俗生活ときっぱり縁を切って、遮断《しゃだん》することが行われていました。よほど強い決意と意志がない限りは、修行は行えなかったのです。あなたはそのような強い意志を持っていました。それが仕事に生かされています。

前世では修行に打ち込んでいた部分が、今世では主に仕事に向けられています。気丈でしっかり者であるところは、前世から続いているあなたの傾向です。もちろん、前世はたくさんあるので、いつもいつも尼さんであったり修行者であったということではありません。

前世で、有能な職業人だったことがありました。また、家庭を切り盛りし、采配を振るっていたこともありました。そのようなことが手伝って、現在でもやり手であり、実際的な面で有能な人として生きているのです。

あなたばかりでなく、周りの人たちも、独身であったり子供を授からない人たちが多いのは、似たような人を引き寄せる法則に因《よ》るばかりではありません。もっと奥深い、個別的な理由として、前世であなたの修行仲間だったことがあったからです。そのため、あなたの周りの人たちにも、独身の人や、子供を授からない人が多くなっています。また、前世で自分を貫いたので、今世でも一人っ子として、自分を律し貫くような生き方に、自ずとなってきています。

あなたは、前世での職業を忠実に辿ってきています。すなわち、宗教関係、教育方面、体と心に関する事柄、実務的な業務などです。それらはいずれも、あなたが前世で就いていた仕事です。また、音楽や歴史なども、前世であなたが興味を持って取り組んだことです。特に音楽は前世でもたいへん好きで、得意なことでした。

あなたが、大半の事には由来と意味があることを知れば、これまでの人生を自分で認め、受け入れ、安心することができることでしょう。あなたはこれまで、遮二無二《しゃにむに》前に進んできました。これからは、もっとゆったりとした過ごし方で、余裕を持って生きていくようにしてください。

前世から今日に至るまで、自分も人も頑張らせて、時には無理強いをし、駆り立ててきた人です。あなたには許しや優しさが必要です。それによって体も心もホッとして、喜び、楽になるでしょう。

前世からの傾向として、自分にプレッシャーを自ら与えて無理をさせる傾向がありま す。特に、前世での宗教的な行《ぎょう》に自分を向けた時に、性的な事を否定したり、軽んじていました。それは完全に処理し切れておらず、自分の中で抑止されています。

そのため、自分の中に悲しみが募《つの》っており、それが婦人系の疾患として現れ出てきています。性的な部分を自ら否定し、抑止した結果、体のその部分が悲しみ、悲痛な叫びをあげているのがそれらの症状です。体にも心がありますから、体のある部分を否定したりいじめたりすると、その部分の心が病んで、シグナルを送ってきます。それが病状や痛みになって出ています。時には不調や違和感として現れることもあります。

人間になぜ痛みの感覚があるかというと、体の気持ちを表すためなのです。それによって、体にも独自の心や感情があることがわかります。

また、子供の時から皮膚系の疾患に罹りやすいのは、自分の容姿容貌を否定し、自己表現を抑えてきた前世での修行の結果です。あなたは、本来エネルギッシュであるにもかかわらず、その力を仕事などでは発揮できても、生活全般には抑止され気味です。

皮膚は、自分を外に表示することを役目として与えられている部分です。そこが不調を訴えるということは、十分に表現する機会を与えられずにいることにほかなりません。

今まで、恋愛をしたり結婚して、子供を産み育てるということを断念してきたため、自分の心が満たされず、しかもそれが前世からのものなので、エネルギーのやり場がなく、そのゆがみが皮膚に現れ出やすくなってきています。

もちろん、人生において何でも自分の思うようにしていいということではありません。しかし、これからはもう少し自分の気持ちに目を向け、それを感じる時を持つようにするべきです。

あなたは、今世で外へ外へと向けてきました。外に向けることが問題なのではありません。ただ、もう少し、自分の中にも目を向けてあげてほしいのです。そうしないと、自分のつらさすら感じなくなってしまい、体に症状が出て病気になってしまいます。自分の気持ちはごまかしきれません。いつかは無理がたたって大きな病気になり、人生を早めに閉じてしまうことにもなりかねません。前世から無理をする傾向が見られる人なのです。

あなたは、今世でいろいろ試したくて生まれて来ました。また、能力も多方面に及んでいるので、一通り気が済むまで、いろんな事を試してきています。また、前世から社会的な事に関心が強い人です。

歴史の中でも日本史に特に興味があるのは、日本の魂と緊密だからです。とりわけ、奈良の地の土地の魂とのご縁が密接です。そのため、他の地域で働くのは長続きしないし、他の土地に住む人の所に嫁いでいくことが、なかなかできません。個人のカルマや目的で生まれて来たというより、地域社会に貢献するために、土地との繋がりで生まれて来た面が多分にある人です。それが自ずとこれまでのような歩みをとらせました。

人間には自由意志も与えられています。これまでは、結婚することを自分に与えてこなかったのです。その根は、前世の捉え方や生き方にありました。しかし、それに気づいて神との関わりで自分の転換を図れば、別の人生を生き始めることができるでしょう。

物理学に、慣性の法則というものがありますが、人間の内面や行動パターンにも、それと似たような習性があります。ある方向のまま放っておくと、人はなかなか変わりにくいのです。しかし、気づいて意識し、工夫しながら努力を続けることで、自分に衝撃を加え、変えていくことは可能です。自分に何遍でも言い聞かせ、点検しながら取り組み続けると、長年の習性も塗り替えられ、新しい自分が形成され始めます。人生は訓練の連続と言っても過言ではありません。それが人を鍛え、成長させるのです。

前世で立てた誓いがいまだに続いています。今世では、「宗教とのご縁を新しいあり方で行うように」という要請が来ています。そのため、前世の時の宗教よりも、新しい精神と方法の宗教とのご縁が生じ始めています。それはあなたにとって、自分を変えるチャンスです。それがうまくいって、線路を敷き直せれば、これからでも結婚の可能性は出てきます。

仕事を通して社会に貢献することは、基本的に素晴らしいことです。しかし、あなたはそれだけに自分を向けすぎました。あなたは、今世ですでに十分なほど仕事の経験を積んできました。今世は一度きりです。今世の後半期に、あなたが新しい人生をデザインすれば、それはあなたのものとなります。たやすいことではありませんが、不可能ではありません。仕事はほどほどにし、恋愛と結婚に自分を向けることは、あなたの人生にとって新しい体験と気づきとなり得るでしょう。

とはいえ、それに向けて一八〇度転換をするという極端なことを勧めているのではありません。少しの転換と配慮が必要だということです。今までよりもう少し、結婚のための枠を自分に与えてあげるのです。

自然体で生きていってください。良さそうな結婚の機会があれば、それに素直になり、「自分の心に適えば前向きに臨もう」という心を持っていましょう。そのような心を持ちながら、目の前の仕事や課題に取り組んでいけばいいのです。それだけでもずいぶんと違ってきます。今よりずっと楽になるでしょうし、結婚に対する希望や楽しみも出てきます。

柔軟でいてください。結果的にそのまま仕事中心になっても良いし、結婚の良い機会が巡ってきたなら、それにも前向きに臨もうというスタンスです。「何でもかんでも結婚しなければならない、どうあっても結婚する」と思いつめると、それも不自然になって、人生がうまく巡らなくなってしまいます。

一度断念して、結婚に対して自分を閉ざしてしまいましたが、そのようなことはしないほうが良いのです。いくつになっても、機会があればそれに対して素直であるのが、神のお心が我が身に起きやすい態勢を取っていることになります。それが神に対する誠実さです。同時に、自分に対する配慮にもなります。

結婚しなければしないままでも良いですし、する機会があれば、それは神様からのものと捉え、素直に臨む。自分で責任を持ってそのことに取り組むというあり方が良いのです。

あなたには、バランスが必要です。何に対しても思い詰めず、決めすぎず、むしろ状況に自分を優しく合わせながら、自分らしく生きていけば、そのようなあなたを神が導かれ、全うして下さることでしょう。

リーディングを終了します。

Q1　今回のリーディングにより自分自身を知ることで、どのような気づきや発見があり、あなた自身の内面（考え方・生き方など）にどのような影響がありましたか？

傾向は、以前からさまざまな機会や、仕事や人間関係の体験を通し、伝えられたり、また自ら気づいていたものを再認識させていただくものでした。

しかし、このように詳しく、しかも関連立てて伝えていただくと、自分が今までわかっていた以上に、その傾向が強く、現在の心身の状態にまで影響を及ぼしてきているものだとわかりました。

また自分が意識せずとも、なぜこのような状況に陥るか、なってしまうのか、思いとは逆の結果になってしまうことや、あるいは思っている以上に良い状態に置かれたり、良い評価を受けてびっくりすることや、戸惑うことも今まで多くありましたが、それもまた、前世から続く生き方や考え方の結果であったとわかりました。

今回伝えていただけたように、もう少し自分の中にも目を向け、バランスを取りながら、柔軟で自分らしく生きて行くよう工夫してみようと思います。そうすることにより、周りにも貢献できる本来のエネルギーが出てくるのだと気づきました。

Q2　今回のリーディングで、現在、課題と感じられている事の解決につながりましたか?

何のために生まれてきて、何のために信仰と出会い、今までの仕事をし、この土地この家族、そして今の自分の状況になったのか、一つひとつバラバラに感謝し、何のためなのかもわかっていたつもりでした。

しかし、大きくひとつに纏《まと》めきれず、何か今ひとつすっきりしない気持ちも抱えておりました。出口を見つけられない状態のような、でもそれは今に感謝が足りない自分なのかと自問自答してみたり…。

また、仕事、結婚、体の状態、人間関係、自分の習慣や性格の癖にも取り組みましたし、自分のできる限りやれることはやり、努力もしたし、現実的に、もう何もすることを思いつかないくらいやりきってきたのも事実です。今は、信仰の中で学び、行をただただやり続けること、その事以外で自分の心が自由になることはなく、信仰の中ではっきりした結果を表しきれないことに、すっきりしないものを抱えていました。

今回のリーディングによって、バラバラのものが大きくひとつに纏まりました。現実の大半のことは、前世から由来と意味があることを知り、あらためてこれまでの人生を自分で認め、受け入れることができたと思います。

ゆったりと余裕をもって生きて、また、プレッシャーを与え無理をさせた中で行うことをゆるめるだけでも、かなり結果が変わると思います。

これからの生き方、考え方の工夫の仕方に留意し、まずは、神の御心が我が身に起きやすい素直な態勢を取って生きていこうと思います。ありがとうございました。

◇リーディング⑤

年齢：59歳
性別：男性
2007年10月11日

ソースへの質問：人生の節目でもある還暦を迎えさせていただきます。波乱万丈の人生を送ってきました。これまでの人生をしっかりと見つめ直し、反省と学びの中からカルマ解消に努め、家系を浄め、子孫に幸せになってほしいと思っております。私の生まれてきた目的、自分の傾向、留意点をこれまでの人生の総括としてお教えください。

ソース：前世においても、あちこちでいろいろとしでかしながら学びを頂き、悔い改め、罪の償いをして生き抜いた人です。それを繰り返しやすい人なのですが、潔《いさぎよ》い面と素直な面があるため、またご先祖からの余徳《よとく》を頂いて、今世において前世を辿りながらも少しずつ進み、守り導かれてきている人です。

あなたの場合、両親をはじめ、ご先祖からのご守護と福徳に大きなものがあります。そのようなご先祖からの徳を頂けるのも、あなた自身の前世での心がけと生き方の中に、いろいろ問題はあっても、懺悔《ざんげ》したり、心を改めて出直しを図ることに努めたことがあったからです。

人情に富む人です。心が濃く、それは前世でさまざまな体験を積んできたことにも依ります。あなたは時代の転換期や変革期に何遍も生まれ合わせました。奈良時代であったり、源頼朝の時代であったり、徳川家康の時代などです。そして今、日本が上《のぼ》り調子となる、戦後間もない団塊の世代の一員として生まれ変わって来ました。

勢いのある日本に、その勢いに乗って生まれて来やすい魂なのです。しかし、その勢いついでに、自分の欠点や弱点が現れ出やすくもあります。それを通して教訓を得て、して良い事としていけない事との見極めがついてきました。

もともと、戒律にしても律法にしても道徳にしても、単に人を拘束するためのものではなく、人に対する愛や慈悲がその根本にはあることを知ってください。つまり、規律とか規則とか、道徳とか宗教上の定めは、人間を苦しめたり束縛するためのものではなく、「他者の痛みや切願を知り、他の命に対する思いやりを持てる優しい生命存在になるように」という、いわば仏の慈悲が人間に課した徳目です。

そもそも、人生で起きて来る事自体が、その事を知るように、出来事によって身をもって知らしめられる事ばかりです。あなたは次第に、体と心でもって、この事に気づく方へと導かれていきました。

なぜ、して良い事としていけない事とがあるのか。それは、お堅い話ではないのです。ルールを守ることで全体に秩序がもたらされるという理由もありますが、そのような都合だけではなく、一番の基には、先ほど述べられたような、「人は他の生命の痛みや悲しみを感じられなくてはならない」という、愛の学びがあるからです。それが戒律や道徳の本質です。この世にあっては法律です。

それが、あなたには、経験不足で魂が未熟だったうちはわかりませんでした。そのため、いろいろな事が人生で起きて、次第に命に対する配慮を増加させ、すべては愛の学びであることを知らしめられたのです。そのために経験を積んできたということに思い至るようになりました。その意味で、これまでの経緯は、神仏との関わりにおける愛の教育の一環としてのものでした。

あなたは今世の始まりからも、また前世でも、もともと神仏とのご縁があったので、あなたの欠点や弱点を神仏が巧みに使って、あなたに気づかせ、試し、鍛え直されて導かれているのです。その体験を通して、あなた自身心の奥底でわかり、体にもそれが染み付いてきました。それによって、本来のあなたの人柄の良さやあどけなさが、いい形で表れ出て、ほかの人を感じ、受け止め、思いやりのある世話好きの、気立ての優しい人へと、神仏によって創り変えられ、変貌を遂げることができたのです。

これからは、ほかの人のことも自分に照らして感じ取り、大目に見てあげたり、きちんとさせるべきはさせるように導いたりしてあげることです。つまり、神仏によってあなたが訓練され、仕込まれたり気づかせられた導きのように、今度は四苦八苦して身に付けたものを持って、神仏のように相手に手を差し伸べ、相手に応じて適切に関わったり世話したりして、付き合ってあげることです。それを自分の周りの身近な人から始め、社会で関わる人にまで及ぼすように生きていくのです。それがあなたのカルマの解消法であり、罪の償い方です。

もう一つ、これまで失敗や過ちを通して貴重な教訓を学ばせられて成長を遂げられた、そのことを肝に銘じて、二度と同じ過ちを繰り返さないようにすることです。それによってもカルマを解消し、他のお役に立つ存在として生きていくことができます。

最後の留意点は、自分がこのようにして導かれ、救われたことを知って、恩返しのお布施の行に努めることです。お布施というのはお金や物に限ったものではありません。お金や物ももちろんですが、優しさを示したり、人に対して加減してあげたり、困った人に手を差し伸べてあげるといったことで良いのです。例えば、困った人にあなたが労力を提供するのは、体力のお布施です。微笑んで相手を安心させてあげたり、自分の持てる知恵や情報や技術で手助けしたり、労《ねぎら》いの言葉をひと言《こと》言ってあげたりするのも、あなたの能力や心のお布施です。

要するに、その時点で置かれた状況の中で、「自分に何ができるのだろうか。自分の人柄と、これまで学んだ事と、立場や力量で、いったい何ができるのだろうか」という問いの答えを見つけて、精一杯愛の心で行うことです。あなたは、そのために備えられてきたと言っても過言ではありません。仕事を通してそれがまず叶うでしょう。自分に行う機会があるのは、ありがたいことなのです。それが恩返しともなります。自分がこれまでしていただいたことは、今度は社会に還元してより多く貢献していくことです。

また、家族に対してもそれを今までの分だけ、さらにはその倍以上、いい形でお返ししてあげていくことです。当人に罪の償いをしたり、恩返しできない場合は、これからの人生で出会っていく人たちや、社会に対してそれを行っていけばいいのです。神が一番いいように状況を与えて下さいますから、その機会を十分に生かすことです。それに留意していきましょう。

あなたの傾向は、茶目っ気があり、羞恥心が強く、男っ気があり、人情味豊かなところです。しかし、気さくで人情味に富む分、悪賢く、前世からちょっとした悪い事をする癖を身に付けてきてしまいました。いたずら好きで、ずる賢いところがあるのです。それは、関わる人に対して申し訳ないことでした。結局愛がない事をしてしまったのです。それで、神仏からの手が加わり、あなたは痛みと打撃をもって、何が大切で、何をしてはいけないかを学び取ってきたのです。これからは感謝と喜びの人生を送りましょう。

今世生まれて来た目的は、以下の事柄を踏まえて抽出されることです。人との関わりでは人情が必要なこと。人のことを感じ、配慮してあげること。自分がしてほしいように相手にしてあげること。自分がしてほしくない事を相手に対して控えることです。また、人はそれぞれに違いますから、相手をよく見て理解し、適切に応じていくことです。人生の基本は難しくありません。その時の状況の中で、自分ができる事と、するべき事とを精一杯果たしていくこと。この一点です。あとは、これまでの経験を通して痛感させられた事を肝に銘じ、それを基に生きていくことです。

また、自分の未来の理想をビジョンとして大切にし、それに少しずつでも近づくように励み続けることです。人には思いやりを示し、良くしていってあげ、内なる良心に従って生きていくのが、神仏に沿う道です。

あなたは人を感じられる、優しい心を育んできました。今与えられた環境の中で、つまり家庭と会社で、自分を遺憾なく発揮してみてください。還暦の節目に差し掛かって、あなたは今世をこのように認識し、深い頷《うなず》きと共に、残された日々を充実して過ごすようになるでしょう。まだ人生が終わりになっていないのが幸いです。

いつでも、「この人生は今日まで」と思って、これまでの半生涯を振り返ると、明日以降、何をどうしなければいけないのかが明確に見えてきます。また、明日以降を、新たに与えられたありがたい期間だと捉え、新鮮に感じられます。まだまだ生きられる場合でも、常に、今日までの人生だと捉えて振り返ると、重要なことに気づいていけます。そして仕切り直して、明日以降を十分に生かす人生を送れるでしょう。一日一日を新たに与えられた機会であると新鮮に感じ、その中で自分を生かしていけば、ますます良い方向に導かれ、周りのために自分が役立っていくでしょう。

仕事にしても家族にしても、与えられたものであることをますます感ずるようになるでしょう。自分の認識や、そこから得られた思い、習得したものを、周りの人たちと分かち合ってください。また、ほかの人が経験を通して得てきたものを、分けていただきましょう。そのようにして自分の持てるものを互いに分け合い、豊かになって、共々に神様の元へと誘われていきます。

その時その時の状況や出来事は、神がお与え下さる恵みです。常識的にはとても恵みに見えないものまで含めて、真の意味で恵みというのです。あなたが経験を通して、実感を伴って「そうだ」と頷けた事を、ほかの人に対しても伝えてみてください。

いつでも、今自分が与えられる最良の賜物が何なのかを認識し、相手に合わせて差し出していくこと。それが使命を生きていくことにほかなりません。

常に祈って自分の態勢を整えていれば、勘が働き、導きもあり、その時に相応しい有り様を、自ずと自分が取っていることに気づきます。それによって確信と安堵感が得られ、自分を周りに表現する術《すべ》を身に付けていけます。

どんな人も、それぞれの道を歩んでいることがわかって、「この人には自分は何をどうしてあげられるだろうか」と考え、気づけるようになるでしょう。ますます力を付けて、あなたは喜びをもって、周りに奉仕的に関わって生きていくことになります。

今世では、早めに前世を辿り直す体制ができていました。慌てることはありませんが、今から十分に、自分を生かして神に喜ばれる人生を過ごせます。感謝と喜びの、信仰の日々を送るようになることでしょう。ほかの人のことをよく理解し、相手になってあげてください。これからのあなたの人生は、そのようになっていきます。

リーディングを終了します。

Q1　今回のリーディングにより自分自身を知ることで、どのような気づきや発見があり、あなた自身の内面（考え方・生き方など）にどのような影響がありましたか？

今日、今ここにある感謝を痛切に感じました。これまで師から学んだ事をすべて受けとって実行してきました。そして、還暦を迎える前に、布施の行の尊さをあらためて知ることができました。

このリーディングを受けさせていただき、人のために生きていける自分自身を作り上げることが、人生の指針となりました。

Q2　今回のリーディングで、現在、課題と感じられている事の解決につながりましたか？

日々の目前に展開する事柄の表面に囚われず、その延長線上にある幅広い、奥深い意味をじっくり見据えていける自分でありたいと思いました。

あとがき

本書は「自分探しの旅」シリーズの第一巻に当たります。テーマは現世（今世）の中で自分を認識し、活用するための人生を司《つかさど》る法則、並びに自分を知り感じるツール（手立て）です。本書の前半部はその内容の詳細な説明、後半部はそのために実際に五名の方々の個人リーディングを行った事例集となっています。

自分自身を題材に取り上げて扱う、自分を探し求める旅は、魅惑的なチャレンジです。世間でも、自分史をまとめる講座や、そのための小冊子も発行されている時代です。仏教や寺院、神社への関心も静かに高まり、プチ修行や参籠や巡拝も、企画・開催されるようになりました。人々の間では、世間のすさんだ状況の中にあって、逼迫《ひっぱく》感を解消し、自分を見出し取り戻すべく、真実を求め出す模索が始まっているのでしょう。

人類による、地球の自然環境破壊によって引き起こされた温暖化、異常気象、病気に関する悩み、人間関係や仕事や家庭での気がかり、老後の不安、近隣のアジア諸国に対する誤解と恐怖、止まぬテロと宗教問題、年々悪化の一途を辿る犯罪、頼りない政治、過熱化する学校教育問題、子育ての難しさと少子化、格差社会…このような中にあって、人々は動揺と不安を隠し切れず、右往左往し、生き方の術《すべ》と生き甲斐を求めています。

私は、一万人以上の方々の人生を個人的に深く知る機会を与えられ、今日まで一五年以上に亘《わた》って、個人相談に応じながら、それらを見てきました。その中で、現代日本の状況、日本人の問題と心配事、課題とテーマを日々、肌で実感して生きています。

本書も、このような現場から生み出されました。二一世紀初頭を生きる私たち日本人は今、どんな状態であり、物事をどう捉え、対処していくとよいのかということです。

そのためには、宇宙と人生の法則を知ること、自分を知り感じ調整して立て直すことが必要です。自分を癒し育て、周りの人々をも見てあげて、癒し育ててあげるのです。千里の道も一歩からです。現状を認識し受け入れ、今するべき事を、また今できる事を、自分のわかるところと力量と立場に従って、精一杯誠実に果たしていくことです。

急がば回れとも言います。周りや、自分の人生や仕事や家庭を良くしたいのなら、まず自分を知る作業に取り掛かるべきです。なぜなら、自分の人生も周りで起きてくる事も、巡ってくる状況も、本来的には自分が招き、引き起こしているからです。それらは自分の投影であり、自分の課題やカルマやパターン、気づくべき点や改めるべき点などを示唆しています。

自分探しの旅は、魅惑的であると同時に、気の滅入る、時には動揺を隠し切れない体験となり得ることは確かです。しかし、取り組み方さえ間違わなければ安全であり、自分に直面したり、自分を知ってしまっても、大丈夫です。自分が否定されたり完全に崩《くず》れてしまうことはありません。失望に終ることはないのです。

自分探しの旅は必要なことです。誰でも、いつかはどこかでどういう形であれ、通り抜けていかなければならないことです。

自分の心に素直になり、自分の中の良きも悪しきもすべてを認め、受け入れることが求められます。自分のありのままの実態の全貌を認識し、把握するのです。そうでないと意味がないばかりか、危険ですらあります。

ここをクリアーしたら、人との関わりにおいても自分をそのまま差し出せるようになります。実際以上に見せようとして力んだり、構えたり、本当のことを知られるのを恐れたり、コンプレックスで悩んで自己卑下したり、余計に人々に気遣ったりせずに済むようになります。自分から解放されるので、人々のことを正しく理解し感じ、サポートできる関わりがとれます。その結果、人間関係が豊かで良好になり、人々からの恩寵が頂けます。

自分を知ることで、自分の長所、才能、使命、留意すべき点、パターン、本性、カルマ、自分の程度などを把握し、気を付けるべき点に気を付け、自分を上手に運用していけるようになります。これまでの人生の意味、現状の意味と学ぶべき事、注意するべき事、行うべき事がわかります。これからの事も見えてきて、余裕を持って積極果敢に挑み、周りの人々との関わりで良い結果を創り出していけるようになります。

本当の自分を探し求め、自分を取り戻し、実現すると共に、その自分を活かすことで周りの役に立っていくプロセスを辿ることが、命の本源に還っていくことになるのです。

誰一人として、自分探しの旅に無関係な人などこの世にいません。このテーマに取り組むことで自分の心や生き方を見つめ、調整し改善していくこと、その中で真実が教えてくれることを人生に取り入れることによって、今世をさらに充実させるために、この本がより多くの方々のお役に立つことを願って止みません。また、個人リーディングもしくは前世リーディングを体験されることも、併せてお勧め致します。

私どもの会ＡＲＩ《アーイ》は、ヨハネ・リーディングを柱として、さまざまなイベントを催し、多数の教材（冊子・テープ他）を発行することにより、学びの機会を提供しています。自分を磨き、他の同朋と共に成長しながら社会に貢献する、ＯＮＥの実現を目的とした活動を展開しています。当会に興味を持たれた方、お知りになりたい方、賛同された方、加入されたい方は、どうぞお気軽にお問い合わせください。

ＡＲＩでは、月刊の会報誌インターフェイスも発行しています。さまざまな独自の教えを満載し、充実していて読み応えたっぷりです。会員の方には、毎月お手元に届けられます。購読をお勧め致します。

最後に、本書を出版するにあたり、たま出版の中村利男氏、そして吉田冴絵子氏、リライトをしてくださった安田真理氏、今回のために個人リーディングをお受けくださった方々にも多大なご協力を頂きました。企画・コンダクターその他でお骨折りくださった浅野総合研究所の澤井典子さん、大変なテープ起こしをしてくださった長田希久子さん、増地ひとみさん、すべてにおいてサポートを惜しまぬ妻の洋子にも、多大なご協力を頂きました。

この場をお借り致しまして、心より感謝の意を申し上げます。

平成二〇年二月祝日

浅野　信

主な著書リスト

- 『ブッダのカルマ論』（たま出版）
- 『ニューエイジの到来』（たま出版）
- 『ハルマゲドンを超えて』（ビジネス社）
- 『アカシックリーディング1998－2000』（たま出版）
- 『ライフ・リーディングでつかむ自分の生き方』（たま出版）
- 『アカシックメッセージ』（たま出版）
- 『親鸞の心』（たま出版）
- 『リーディングが開く21世紀の扉』（たま出版）
- 『前世』（たま出版）
- 『前世Ⅱ』（たま出版）
- 『前世Ⅲ』（たま出版）
- 『前世Ⅳ』（たま出版）
- 『前世Ⅴ』（たま出版）
- 『前世Ⅵ』（たま出版）
- 「ライフシールの読取法」ワークブック1
- 「７つのチャクラ」ワークブック２
- 「カルマの解消法」ワークブック３
- 「夢の活用法」ワークブック４
- 「７つのチャクラ」サイドリーダー１～４
- 「カルマの解消法」サイドリーダー１～５
- 「ライフシールの読取法」サイドリーダー１～２
- 「夢の活用法」サイドリーダー１～６
- 「自己探求の旅」
- 「ニューアトランティス」1～３
- 「研究シリーズ」1～81
- 「ＳＥＣマンスリー」1～９
- 「浅野語録シリーズ（テープ）」現在191
- 「月刊インターフェイス」現在201号
- 「インターフェイス増刊号」現在10号

●リーディングを行った際の質問

・人はなぜ自分自身を探し求めるのか。
・人はなぜ自分自身を変えたいと思うのか。
・人生の目的や使命や存在理由とはどのようなことなのか。
・カルマは今の人生にどのような影響を与えているのか。
・自分自身の心や思考とはどのようにつくられ、今の人生にどのように影響しているのか。
・さまざまな出来事は自分へのメッセージなのか。
・あるがままの自分を受け入れるとはどのようなことなのか。
・自分自身を認識、理解するためのツールはどんなものなのか。
・人はどこへ向かっているのか。
・『自分探しの旅〈現世編〉』の総括

●ARIのビジョン&ミッション

浅野総合研究所（Asano Research Institute／略称ARI《アーイ》）

ARIのビジョンはONE—全てはひとつ。ONEとは、総合という意味です。それぞれの違い、たとえば思想・世界観・主義・見解・好き嫌い・個性などをお互いに自覚し、認識した上で、尊重して認めあい、受け入れあっていったら、私たちは、違いこそを与えあうことができるのではないでしょうか。それは、一人ひとりのかけがえのないユニークな存在を活かしあうことにつながります。大きな変革を迎えようとしている新しい時代を支えていく愛、そして叡智がONEの法則です。ARIは、ONEのビジョンという使命を生きながら、Interfaith—心と心を結ぶ架け橋となることをめざしています。

●リーディング

リーディングとは、ひとことで言えばリーダー（リーディングを行う人）が、アカシック・レコードと呼ばれる宇宙の存在すべてが記録されている世界を読み解くこと。

宇宙の歴史・叡智、普遍的真理までを含んだ「生きた波動」にアプローチして、アカシック・レコードを読み取り、質問者の質問や疑問に答えながら、その出来事や問題の隠れた意志・メッセージを解き、心構えや対策法を伝えていきます。

その結果、自分を深い部分で認識し、受け入れ、愛することにつながっていくため、すぐれたリーディングは、ある時は高度なカウンセリングであり、有効なコンサルティングでもあり、セラピーともなって、現実の人生にすぐに役立つツールとなります。

●パーソナル・リーディング

この宇宙の中で、一人ひとりがかけがえのない誰とも置き換えられない独自性を持った存在です。それぞれが、より主体的で創造的な人生を生み出し、本来の自分を生きるために。

パーソナル・リーディングは、わかりやすくシンプルな内容で、自分を具体的に把握するお手伝いをします。すでにわかっていると思っていることも、より深く掘り下げることでさらに明確になり、自分自身を別の視点からみることで、生き方の幅が広がっていきます。

なぜ今の時代に生まれてきたのか。その目的に触れ、使命を知って生きるプロセスで、カルマが解けて、成長が促される。それはあなたが十分に生かされ、幸せになり、自己実現を通して、社会に役立っていくことにつながります。100人受ければ100通りのリーディングとなり、同じ内容のものはまったくありません。今のあなたに最も必要なメッセージが語られます。個人に焦点を当てた個別のメッセージでありながらも、そこには普遍性、社会性が存在するので、他の方のリーディングを読むと役立つのも、パーソナル・リーディングの大きな特徴です。

パーソナル・リーディングは約45分間で4質問にお答えします。［料金：47、250円（税込）］

●パーソナル・リーディングの内容

性格、才能、適職、使命、将来性、自分の活かし方、生き方、留意すべき点、前世、カルマ、人間関係、恋愛、家庭、仕事、信仰、健康、体質、食事、ライフシール、チャクラの傾向性、色彩、宝石、星の影響、夢解釈　など。

●前世リーディング

あなたの魂のルーツを明かす前世リーディングです。あなたはいつの時代どこで何をしていたのか、なぜ今世に生まれ変わってきているのか。何万年にも及ぶ前世が解き明かされる特別なものです。前世だけに焦点をあてますのでとても奥深く、魂の歴史とルーツが明らかになり自分の由来がわかります。前世を知ることによって、前世のカルマの癒しにもつながり、自信と確信がもて心がとても楽になります。

カルマとパターン、今世の課題や傾向性が見えてきますので、日常生活の中で課題をクリアーすることの手助けにつながります。意識の時間枠だけでなく、空間が大きく広がり、意識の底が深くなり、洞察力も高まり自己認識が前進することによって、将来のビジョンや展望が自ずと開けていくこととなります。

今世に何を成し遂げるために生まれ変わってきたのか、何を約束してきたのかが明確化され、才能や適職などとも深くつながっていきます。魂の準備ができている方の場合、転生の回数や使命、性別、前世の名前などが明かされることもあります。

前世リーディングは約40分間で1質問（固定質問）にお答えします。［料金：39、900円（税込）］

●前世リーディングの内容

質問内容は固定の「私の前世をお知らせください」の1質問のみとなります。ただし、特殊な質問内容として、他の惑星での滞在、霊界でのこれまでの魂の経過について、オプションで尋ねることが可能です。

●リーディングの方法

リーディングは、依頼者が書かれた申込書、質問書、お写真などにより、遠隔からその方に関わる固有の真理を読み取ります。これは、遠隔リーディングで、当日依頼者が立ち会うこともできます。遠隔でも立ち会いでも内容に差異はありません。

リーディング中は、コンダクターが依頼者の質問を問いかけ、リーダーは横たわった状態で質問に答えていきます。質問が、明確で具体的な文章であるほど、より深く、明快なリーディングになります。

当日録音したテープ、またそのカセットテープを起こした文章を、約1ヶ月半後にお手元に郵送します。リーディングを受けられる方のプライバシーは厳重に保護されていますので、安心してお受けください。

著者略歴

浅野　信（あさの・まこと）

聖職名　ヨハネ・ペヌエル

1954年、茨城県に生まれる。
83年から活動を始め、85年、国際ニューエイジ協会を創立、97年に浅野総合研究所に改称。92年よりリーディングを開始し、その数はすでに10,400件を超える。本格派リーダー（Reader）である。一宗一派に依ることなく、ONEの普遍的真実を個人に即してやさしく説き続けている。
リーディングの他に講演会、講話、講座、個人指導などにも応じている。
総合アドバイザー。預言者。思想家。霊的指導者。現在、浅野総合研究所（ARI《アーイ》）代表。

〔著書〕
『ハルマゲドンを超えて』（ビジネス社）、『アカシックリーディング 1998-2000』『ライフ・リーディングでつかむ自分の生き方』『アカシックメッセージ』『親鸞の心』『リーディングが開く21世紀の扉』『前世』『前世 Ⅱ』『前世 Ⅲ』『前世 Ⅳ』『前世 Ⅴ』『前世 Ⅵ』（たま出版）他多数。

〔連絡先〕
浅野総合研究所
〒185-0021　東京都国分寺市南町２-11-15　伸和ビル３F
TEL　042-328-5838　FAX　042-328-5840
E-mail：asanosou@aol.com
URL：http://members.aol.com/asanosou/arihptop.htm

自分探しの旅 現世編

2008年４月21日　初版第１刷発行

著　者　浅野 信
発行者　韮沢 潤一郎
発行所　株式会社 たま出版
〒160-0004　東京都新宿区四谷4-28-20
電話　03-5369-3051（代表）
http://www.tamabook.com
振　替　00130-5-94804

印刷所　株式会社　エーヴィスシステムズ

乱丁・落丁本お取り替えいたします。

ISBN978-4-8127-0254-3 C0011